Karl-W. Koch

EINSTEIGEN!

Die abgefahrensten Bahnstrecken Deutschlands

Einbandgestaltung: Luis dos Santos

Titelbild: Ein Eurocity nach Zürich passiert auf seiner Fahrt über die linke Rheinstrecke Oberwesel.

Rückseite: Der Februar 2021 bot einige wunderbar knackig-kalte Tage mit Sonnenschein und einer sehenswerten Dampfentwicklung bei den Fahrten des Rasenden Rolands auf Rügen. Hier beschleunigt der Mittagszug aus Baabe heraus in die Steigung Richtung Binz.

Fotos: Karl-W. Koch

Bildnachweis: Die zur Illustration dieses Buches verwendeten Aufnahmen stammen – wenn nichts anderes vermerkt ist – vom Verfasser. Die Karten zeichnete Wolfgang Kieslich, Berlin

Eine Haftung des Autors oder des Verlages und seiner Beauftragten für Personen-, Sach- und Vermögensschäden ist ausgeschlossen.

ISBN 978-3-613-71619-3

Copyright © 2021 by transpress Verlag, Postfach 10 37 43, 70032 Stuttgart.
Ein Unternehmen der Paul Pietsch Verlage GmbH & Co. KG

1. Auflage 2021

Sie finden uns im Internet unter www.transpress.de

Nachdruck, auch einzelner Teile, ist verboten. Das Urheberrecht und sämtliche weiteren Rechte sind dem Verlag vorbehalten. Übersetzung, Speicherung, Vervielfältigung und Verbreitung einschließlich Übernahme auf elektronische Datenträger wie DVD, CD-ROM usw. sowie Einspeicherung in elektronische Medien wie Internet usw. ist ohne vorherige schriftliche Genehmigung des Verlages unzulässig und strafbar.

Lektor: Hartmut Lange

Innengestaltung: Jürgen Knopf, Medien und Print, 74321 Bietigheim-Bissingen

Druck und Bindung: Conzella Verlagsbuchbinderei, 85609 Aschheim-Dornach

Printed in Germany

Quellen

Dumont-Verlag: »Unser Land – Alles, was Deutschland so einzigartig macht«, Kapitel: »Geislinger Steige«
http://www.mittenwaldbahn.de/960.htm
https://agreement-berlin.de/wp-content/uploads/2019/10/doku-25_Werkbahnen_Bergbau_Lausitz.pdf
https://de.wikipedia.org/wiki/Außerfernbahn (CC-by-sa-3.0)
https://de.wikipedia.org/wiki/Bäderbahn_Molli (CC-by-sa-3.0)
https://de.wikipedia.org/wiki/Bahnhof_Uelzen (CC-by-sa-3.0)
https://de.wikipedia.org/wiki/Bahnstrecke_Buchloe-Lindau (CC-by-sa-3.0)
https://de.wikipedia.org/wiki/Bahnstrecke_Großheringen-Saalfeld (CC-by-sa-3.0)
https://de.wikipedia.org/wiki/Bahnstrecke_Hürth-Kalscheuren-Ehrang (CC-by-sa-3.0)
https://de.wikipedia.org/wiki/Bahnstrecke_Rosenheim-Salzburg (CC-by-sa-3.0)
https://de.wikipedia.org/wiki/Bahnstrecke_Tuttlingen-Inzigkofen (CC-by-sa-3.0)
https://de.wikipedia.org/wiki/Bahnstrecke_Würzburg-Aschaffenburg (CC-by-sa-3.0)
https://de.wikipedia.org/wiki/Berliner_Stadtbahn (CC-by-sa-3.0)
https://de.wikipedia.org/wiki/Brohltalbahn (CC-by-sa-3.0)
https://de.wikipedia.org/wiki/Chiemsee-Bahn (CC-by-sa-3.0)
https://de.wikipedia.org/wiki/Dampflokwerk_Meiningen (CC-by-sa-3.0)
https://de.wikipedia.org/wiki/Geislinger_Steige (CC-by-sa-3.0)
https://de.wikipedia.org/wiki/Halligbahn_Dagebüll-Oland-Langeneß (CC-by-sa-3.0)
https://de.wikipedia.org/wiki/Halligbahn_Lüttmoorsiel-Nordstrandischmoor (CC-by-sa-3.0)
https://de.wikipedia.org/wiki/Hambachbahn (CC-by-sa-3.0)
https://de.wikipedia.org/wiki/Hindenburgdamm (CC-by-sa-3.0)
https://de.wikipedia.org/wiki/Köln_Hauptbahnhof (CC-by-sa-3.0)
https://de.wikipedia.org/wiki/Linke_Rheinstrecke (CC-by-sa-3.0)
https://de.wikipedia.org/wiki/Rechte_Rheinstrecke (CC-by-sa-3.0)
https://de.wikipedia.org/wiki/Marschbahn (CC-by-sa-3.0)
https://de.wikipedia.org/wiki/Murgtalbahn (CC-by-sa-3.0)
https://de.wikipedia.org/wiki/Nassauische_Rheinbahn (CC-by-sa-3.0)
https://de.wikipedia.org/wiki/Oberweißbacher_Bergbahn (CC-by-sa-3.0)
https://de.wikipedia.org/wiki/Schmalspurbahn_Cranzahl-Kurort_Oberwiesenthal (CC-by-sa-3.0)
https://de.wikipedia.org/wiki/Schwarzwaldbahn_(Baden) (CC-by-sa-3.0)
https://de.wikipedia.org/wiki/Selketalbahn (CC-by-sa-3.0)
https://de.wikipedia.org/wiki/Trossinger_Eisenbahn (CC-by-sa-3.0)
https://de.wikipedia.org/wiki/Waldeisenbahn_Muskau (CC-by-sa-3.0)
https://de.wikipedia.org/wiki/Wuppertaler_Schwebebahn (CC-by-sa-3.0)
https://de.wikipedia.org/wiki/Wutachtalbahn (CC-by-sa-3.0)
https://vulkan-express.de/
https://www.abs48.com/ (Allgäubahn)
https://www.bahnnostalgie-deutschland.de/taegliche_fahrten/1/Fichtelbergbahn.html
https://www.bahn-report.de/docs/leseproben/http_download.inc.php?dat=brep1911.pdf
https://www.dampflokwerk.de/
https://www.fichtelbergbahn.de/
https://www.group.rwe.com/-/media/RWE/documents/03-unser-portfolio-und-loesungen/produkte-und-dienstleistungen/service-im-eisenbahnsektor/flyer-werksbahn.pdf
https://www.hsb-wr.de/Fahrplan-Tarife/Streckennetz/Selketalbahn/
https://www.inselbahn.de/index.php?nav=1000009
https://www.lueneburger-heide.de/service/sehenswuerdigkeit/900/uelzen-hundertwasser-bahnhof.html
https://www.molli-bahn.de/
https://www.schwebebahn.de/geschichte-technik/geschichte/
https://www.thueringerbergbahn.com/bergbahnland/attraktionen/bergbahn_drei_wagen/
https://www.trossinger-eisenbahn.de/
https://www.waldeisenbahn.de/
Manuskripte des Autoren »Berühmte Bahnstrecken« für Miniatur-Modellbahn, de Agostino Deutschland GmbH, Hamburg, veröffentlicht 2016 - 2017

VORWORT

Nicht nur pandemiebedingt verengte sich in den vergangenen anderthalb Jahren der Blick durch den Sucher meiner Kamera zumindest teilweise auf die Bahnen in Deutschland und der näheren Umgebung. Das vorliegende Werk versteht sich jedoch nicht als ultimative Rangliste der »abgefahrensten Strecken«, sondern ist zum Teil auch eine etwas willkürliche Auswahl. Manche Linien haben sich förmlich aufgezwungen, andere waren durchaus bis zuletzt im Wettbewerb mit anderen. Ziel war eine Mischung aus Bekanntem und vielleicht für den einen oder anderen Neuem, aus Highlights für Touristen aus fernen Landen und Museumsbahnen vor der Haustür, die eigentlich viel zu wenig besucht werden, aber enorm viel bieten, auch dank der unzähligen Freizeitstunden der unzähligen Aktiven. Auch diesen sei an dieser Stelle dafür gedankt, ohne Sie gäbe es dieses Buch maximal nur zur Hälfte ...

Einen Schwerpunkt legte ich bewusst auf die ungewöhnlichen Bahnsysteme wie in Trossingen, Oberweißbach und in den beiden Kohlerevieren. Zwei sehenswerte Bahnhöfe in Uelzen und in Köln sowie das ehemalige Reichsbahnausbesserungswerk in Meiningen, dem wir viele der heute noch aktiven Dampfloks verdanken, runden das Werk ab.
An dieser Stelle sei auch allen gedankt, die dieses Buch in seinem Entstehen unterstützt haben, sei es mit Bildern, Infos, Besuchs- und Fotogelegenheiten. Erst dadurch wurde es erst richtig »rund«!

Karl-W. Koch, im Juli 2021

Karl-Wilhelm Koch gilt seit langem als profunder Kenner der Eisenbahnen in aller Welt. Der 68-Jährige lebt in der Eifel und war vor seiner Pensionierung im Lehramt für Chemie, Umwelttechnik und Mathematik tätig.
Neben zahlreichen Veröffentlichungen in Fachzeitschriften und Büchern folgte 1986 eine neue, eigenständige Zeitschrift (heutiger Titel: »FERN-Express«) zum Thema »Bahnen im Ausland«, deren Redaktionsleitung der Herausgeber bis zum heutigen Tag ausübt. Nach etlichen Reisen nach Übersee standen in den letzten Jahrzehnten auch oft europäische und deutsche Ziele auf dem Programm. Außer Eisenbahnmotiven finden sich auch häufig landschaftliche Stimmungen und Menschen im Sucher seiner Kamera.

INHALT

Vorwort _____ 3

Die Ahrtalbahn
Von Remagen nach Ahrbrück _____ 7

Die Allgäubahn
Von Kempten nach Lindau _____ 13

Brohltalbahn
Von Brohl nach Engeln _____ 21

Durch den Chiemgau
Von München nach Freilassing _____ 25

Durch das Donautal
Von Tuttlingen nach Sigmaringen _____ 31

Die Fichtelbergbahn
Von Cranzahl nach Oberwiesenthal _____ 41

Die Geislinger Steige
Von Geislingen nach Amstetten _____ 45

Die Halligbahnen
Von Dagebüll und Cecilienkoog ins Wattenmeer _____ 49

Harzquer- und Brockenbahn
Von Wernigerode und Nordhausen auf den Brocken _____ 53

Selketalbahn
Von Eisfeldertalmühle und Hasselfelde
nach Harzgerode und Quedlinburg _____ 59

Die Zittauer Schmalspurbahn
Von Zittau nach Oybin und Jonsdorf _____ 63

Im Maintal
Von Würzburg nach Gemünden _____ 67

Am linken Ufer durchs Rheintal
Von Bingen nach Koblenz _____ 73

Am rechten Ufer durchs Rheintal
Von Rüdesheim nach Lahnstein _____ 79

Entlang der Mosel
Von Koblenz nach Pünderich _____ 85

Per Überlandstraßenbahn durchs Murgtal
Von Rastatt nach Freudenstadt _____ 91

Das obere Elbtal und die Sächsische Schweiz
Von Dresden nach Bad Schandau _____ 95

Die Oberweißbacher Bergbahn
Von Obstfelderschmiede nach Lichtenhain und Cursdorf _____ 105

Mit dem Molli entlang der Steilküste
Von der Bad Doberan nach Kühlungsborn _____ 109

Rügens »Rasender Roland«
Von Putbus nach Göhren _____ 113

Durch das Saaletal
Von Saalfeld nach Großhering _____ 119

Die Sauschwänzlebahn
Von Weizen nach Blumberg-Zollhaus _____ 123

Die Schiefe Ebene
Von Neuenmarkt-Wirsberg nach Marktschorgast _____ 127

Die Schwarzwaldbahn
Von Offenburg nach Villingen _____ 133

Stadtbahn Berlin
Von Charlottenburg nach Ostkreuz _____ 137

Über den Hindenburgdamm
Von Niebüll nach Westerland _____ 141

Trossinger Eisenbahn
Von der Stadt zum Bahnhof _____ 145

Die Waldeisenbahn Muskau
Von Weißwasser nach Bad Muskau und Kromlau _____ 151

Durch das Tal der Weißeritz
Von Freital-Hainsberg über Dippoldiswalde
nach Kurort Kipsdorf _____ 155

Die Bahnen im Kohletagebau
In der Lausitz und im Rheinischen Becken _____ 161

Die Wuppertaler Schwebebahn
Von Oberbarmen nach Vohwinkel _____ 165

Hundertwasserbahnhof Uelzen
Kunst am Bau als Architektur _____ 171

Gesamtkunstwerk mit Rhein, Brücke und Dom
Der Kölner Hauptbahnhof _____ 175

Das Dampflokwerk Meiningen
Vom Schrott zur neuen Dampflok _____ 181

Die Karwendel- und Außerfernbahn
Von Mittenwald nach Leermoos _____ 187

Der durch das herbstliche Elbtal fahrende Regionalexpress hat gerade Königstein in Richtung Bad Schandau verlassen.

DIE AHRTALBAHN
VON REMAGEN NACH AHRBRÜCK

Die Ahrtalbahn von Remagen nach Ahrbrück zweigt linksrheinisch in Remagen von der Strecke Köln – Koblenz ab. Ihre Länge beträgt 29 km, davon ist etwa die Hälfte zweigleisig ausgebaut. Auf landschaftlich reizvoller Trasse führt sie in die Weinbauregion an der Ahr.

Geschichte

Am 23. September 1879 wurde mittels Regierungsverfügung der Bau begonnen. Bereits ein knappes Jahr später war am 17. September 1880 das erste Teilstück von Remagen nach Ahrweiler in Dienst gestellt. Es folgten die Abschnitte bis Altenahr am 1. Dezember 1886 und am 15. Juli 1888 bis Adenau.

Bedingt durch die politischen Spannungen zu Frankreich wurde ab Beginn des letzten Jahrhunderts unter anderem die Eifel eisenbahntechnisch erschlossen. Im Fall eines neuen Krieges sollten Soldaten und Waffen schnellstmöglich an die Front gebracht werden. In diesem Zusammenhang begann 1910 auch der Bau eines zweiten Gleises von Remagen bis zum Abzweig Liers.

Im Zweiten Weltkrieg wurde die Ahrtalbahn durch alliierte Luftangriffe und schließlich durch deutsche Sprengkommandos, die den Vormarsch der Alliierten bei der Besetzung Deutschlands aufhalten wollten, stark beschädigt. Nach Beseitigung der Schäden konnte die Strecke erst 1951 wieder durchgehend befahren werden.

Es dauerte nur wenige Jahrzehnte, bis das Nebenbahnsterben in Westdeutschland auch hier ein Opfer forderte. Ab dem 2. Juni 1985 wurde der Personenzugverkehr auf den Abschnitt Remagen – Kreuzberg (Ahr) beschränkt. Erstaunlicherweise bewirkte die starke Nachfrage und Bürgerproteste, dass dieser ab dem Juni 1996 wieder bis Ahrbrück (vormals Brück/Ahr) aufgenommen wurde. Der Güterverkehr ab Hönningen/Ahr endete am 31. Mai 1985. Zum 31. Dezember 1996 wurde auch der Güterverkehr Ahrbrück – Hönningen eingestellt.

Betrieb

Die Zeiten der von Dieselloks der Baureihe 218 geführten Personenzüge sind auch hier schon lange vorbei. Heute beherrschen moderne Dieseltriebwagen vom Typ LINT des Herstellers Alstom die Szene. Die Ahrtalbahn wird von den Regionalbahnen (RB) 30 und 39 bedient. Die RB 30 verkehrt ab und bis Bonn Hbf. täglich im Stundentakt auf der Gesamtstrecke. Als RB 39 fahren stündlich zusätzliche Züge zwischen Remagen und Dernau. Betrieben wird der Schienenpersonennahverkehr auf beiden Linien von der DB Regio NRW. Güterverkehr findet auf der Ahrtalbahn heute nicht mehr statt.

Streckenbeschreibung

Nach Remagen ist das Tal noch weit offen, die sanften Hänge liegen in einigen Kilometern Entfernung. Hinter Bad Neuenahr rücken die jetzt steileren Felsen deutlich näher an Fluss,

Bild links: In den 1990er Jahren setzte das DB-Museum zur Weinlesezeit regelmäßig Dampfzüge in das Ahrtal ein. 1996 wurde mit der 62 015 gefahren, hier bei Heimersheim. Loks dieser Baureihe waren vor dem Krieg u.a. auf der Rheinstrecke heimisch.   Christoph Oboth

Bis in die jüngste Vergangenheit prägten Telegraphenmasten das Bild der Ahrtalbahn. Zusammen mit der alten Signaltechnik der perfekte Rahmen für 01 1102, die 1998 im Auftrag des DB-Museums bei Heimersheim unterwegs war.

Christoph Oboth

Straßen und Strecke, um ab Mayschoss die Szene dramatisch zu bestimmen. Jetzt ragen fast senkrechte Felswände in wenigen Metern Entfernung über 100 m auf. Sehenswert ist der Eingang von Altenahr, wo ein Tunnelausgang in einer senkrechten Wand direkt auf eine Ahrbrücke führt. Mehr oder weniger steile Weinberge begleiten die Strecke auf der gesamten Länge, der meistens sehr milde Ahrwein ist ein zusätzlicher Grund für einen Besuch.

Die Einfahrt nach Altenahr aus Richtung Osten hat Modellbahncharakter: wilde Felsen, Brücke, Tunnel und eine Burg.

Bild nächste Seite: Der heutige Verkehr auf der Ahrtalbahn wird mit Dieseltriebwagen der Baureihe 622 bestritten. Die Weinreben auf der Fläche links neben dem Zug wachsen exakt an der Stelle, wo zwischen Rech und Mayschoss die unvollendet gebliebene strategische Strecke hätte auf die Ahrtalbahn einmünden sollen.

Christoph Oboth

DIE ALLGÄUBAHN

VON KEMPTEN NACH LINDAU

Die weitgehend noch nicht elektrifizierte Bahnstrecke von München über Buchloe und Kempten nach Lindau wird als Allgäubahn bezeichnet. Durch den Ausbau und die Elektrifizierung der Strecke München – Buchloe – Memmingen – Lindau-Reutin verkehren die Fernzüge München – Zürich seit dem 13. Dezember 2020 elektrisch und nicht mehr über Kempten. Auch die Züge des »Alex« entfielen, nachdem der Vertrag auslief. Dadurch ist die Allgäustrecke deutlich ärmer an Zugdichte und Fahrzeugeinsatz geworden. Geblieben ist der landschaftliche Reiz der Strecke mit der imposanten Alpenkulisse und z. B. dem Große Alpsee bei Immenstadt als Hintergrund-Motiv.

Geschichte

Der hier beschriebene Streckenabschnitt wurde im Zuge der Ludwig-Süd-Nord-Bahn von Hof über Augsburg und Kempten nach Lindau gebaut. Die ersten 20 Kilometer von Buchloe nach Kaufbeuren wurden am 1. September 1847 dem Verkehr übergeben. Die weiteren Abschnitte gingen bis 1854 in Betrieb, der letzte war der über den Bodenseedamm bis zum Endbahnhof auf der Insel Lindau. Die ursprünglich eingleisige Strecke wurde bis 1907 zweigleisig ausgebaut. Ab 1975 gab es immer wieder Planungen die Verbindung zwischen München und Lindau zu elektrifizieren, aus Kostengründen wurde zunächst davon abgesehen.

Betrieb

Nach dem oben erwähnten Wegfall der Fernverbindungen (ECs München – Zürich) und der Alex-Züge verkehren nur noch Regionalexpressverbindungen mit der Baureihe 612 und Regionalbahnen. Güterzüge sind selten und verkehren vor allem als Umleiter bei Streckensperrungen, z. B. der Arlbergstrecke.

Hafeneinfahrt Lindau: Der Übergang von der Fähre zum Zug beträgt lediglich einige Hundert Meter.

Streckenbeschreibung

Von Kempten folgt die Strecke dem Illertal. In Immenstadt zweigt die Bahnstrecke nach Oberstdorf in Gegenrichtung von der Bahnstrecke ab.

Die Privatbahngesellschaft Alex setzte sehr unterschiedlich lackierte Dieselloks auf der Zubringerstrecke von Oberstdorf nach Immenstadt ein.

Nach einer Rechtskurve wird der Große Alpsee am nördlichen und östlichen Rand umfahren, eines der sehenswertesten Fotomotive im Süddeutschen Raum. Ziemlich geradlinig steigt die Strecke durch das Konstanzer Tal zur Wasserscheide zwischen Donau und Rhein. Ab Oberstaufen geht es dann talabwärts entlang der Oberen Argen.

In zahlreichen großen Bögen sinkt das Streckenniveau auf die Höhe des Bodensees. Dabei wird ein Höhenunterschied von rund 150 Metern überwunden. Im Lindauer Stadtteil Aeschach mündet die Allgäubahn in die Strecke Friedrichshafen – Lindau ein. Über den Lindauer Bodenseedamm wird der auf der Insel liegende Bahnhof Lindau-Insel erreicht. Die Fernzüge verkehren hier mittlerweile nicht mehr.

Bild rechts: Bis November 2020 verkehrten die ECs Zürich – München mit Dieselloks der Baureihe 218, oftmals in Doppelbespannung. Hier donnert eine Garnitur die Steigung von Immenstadt nach Kempten herauf.

Auch die RE von Oberstdorf verkehren wie auf der Allgäubahn in Form von 612ern, hier bei Fischen.

Eine Doppelgarnitur 612 verkehrt als RE von Lindau kommend nach Kempten, hier in Oberstaufen.

Foto auf den Seiten 16/17: Der Große Alpsee bei Immenstadt bietet eine der imposantesten Kulissen der Strecke.

BROHLTALBAHN

VON BROHL NACH ENGELN

Die schmalspurige Mittelgebirgsbahn (Spurweite 1.000 mm) ist eigentlich eine Touristen- oder Museumsbahn (»Vulkan-Express«). Sie hat jedoch einen sehr dichten Fahrplan an vielen Tagen im Jahr und es verkehren sogar immer noch Güterzüge.

Geschichte

Für Bahnbau und -betrieb gründete sich am 22. Januar 1896 die »Brohlthal-Eisenbahn-Gesellschaft«. 1898 bekam sie die Konzession zum Bau der 23,83 Kilometer langen Bahn von Brohl am Rhein nach Kempenich. Die Inbetriebnahme des ersten Abschnittes von Brohl bis Engeln, dem heutigen Endpunkt, erfolgte am 14. Januar 1901. Ein Jahr später war die Gesamtstrecke fertig gestellt. Die 5,5 km lange Steilstrecke von Oberzissen nach Engeln war zunächst als Zahnstangenstrecke konzipiert (System Abt, zwei Lamellen für die Steigung von 1 : 20). Dank der stärkeren Lokomotiven konnten die Zahnstangen 1934 demontiert werden.

Schon am 12. November 1897 hatte die Gesellschaft auch das Recht auf einen Anschluss zum Hafen in Brohl erworben, der 1904 fertig gestellt wurde. Das vornehmliche Transportgut bestand aus Gestein und Mineralien der Vulkanregion. Auch landwirtschaftlichen Erzeugnisse sowie Kohle und Dünger beförderten die Züge.

Der ohnehin spärliche Personenzugverkehr wurde am 30. September 1961 eingestellt und durch Busverbindungen ersetzt. Auch der Güterverkehr wanderte immer stärker auf die Straße

Bild links: Die Henschel-Lok aus Spanien kämpft sich im September 2009 mit einem Touristenzug die erste Steigung hinter Brohl herauf.

ab. Die Strecke von Engeln bis Kempenich wurde am 1. Oktober 1974 stillgelegt und 1976 abgebaut. Der Transport von Normalspur-Güterwagen mit Rollwagen wurde 1978 eingestellt.

Der drohende Niedergang wurde 1977 durch die Einrichtung des Vulkan-Express' abgewendet, mit dessen Betriebsaufnahme eine bis heute andauernde Erfolgsgeschichte begann. Die Anfänge waren bescheiden: Mit dem einzigen verbliebenen Personenwagen VB 50, einem ehemaligen Triebwagen, und der Diesellokomotive D 4 wurden am 25. März 1977 erstmals Ausflugsfahrten von Brohl durch das Brohltal in die Eifel angeboten. Mehrere Stilllegungsversuche konnten abgewendet werden, vor allem auch deshalb, weil es gelang, den Güterverkehr der Bahn als wirtschaftliches Rückgrat zu erhalten. Mit Erfolg: Die Brohltaleisenbahn zählt zu den letzten Schmalspurbahnen Deutschlands mit Güterverkehr.

Betrieb

Die Haupt-Betriebslast bewältigen die grün/beige lackierten Dieselloks der Hersteller Orenstein&Koppel (D1 bis D3) sowie Henschel (aus Spanien re-importiert). Seit dem Frühjahr 2015 steht die letzte erhaltene Dampflok der Brohltaleisenbahn, die »11sm« aus dem Jahr 1906, für Sondereinsätze zur Verfügung.

Streckenbeschreibung

In Brohl zweigt die Strecke von der linksrheinischen Verbindung Koblenz – Bonn ab. Der Schmalspurbahnhof und das Depot liegen direkt hinter dem DB-Bahnhof. Eine Anbindung an den Hafen mittels eines Dreischienengleises ist auch heute noch in Betrieb.

Lok D5 auf der Rückfahrt am Nachmittag aus der Endstation Engeln.

Auf der knapp 18 km langen Strecke überquert der Zug mehrere hohe Viadukte und durchfährt einen knapp 100 Meter langen Tunnel. Er überwindet auf seiner Fahrt fast 400 Höhenmeter. Als Ausgangspunkt für Wanderungen eignen sich besonders die Bahnhöfe Niederzissen, Oberzissen und Engeln. Die Wanderwege »Osteifelweg« und »Eifelleiter« führen an den Laacher See und nach Maria Laach, auf die Hohe Acht oder nach Adenau und in das Ahrtal.

Foto rechts: Die neu überholte Mallet 11sm erreicht mit einem der ersten Nach-Corona-Züge im Sommer 2021 in wenigen Minuten Niederzissen.

Mit einem Sonderzug für Fotofreunde war Lok 11sm am 21. April 2018 im Brohltal unterwegs. Foto: Dirk Endisch

Fabrikschild der D5

Ostern 2010 wurde im Rahmen der Plandampfveranstaltung in der Eifel im Rheinhafen mit der 99 7203 Güterverkehr simuliert.

DURCH DEN CHIEMGAU

VON MÜNCHEN NACH FREILASSING

Von der bayrischen Hauptstadt verläuft eine der schönsten Linien durch das Voralpenland nach Freilassing. Immer wieder Seen und Wälder und ab Rosenheim rechter Hand ein eindrucksvolles Alpenpanorama erfreuen das Auge.

Geschichte

1838 begannen erste Verhandlungen mit Österreich über den Bau einer Schienenverbindung und am 25. August 1843 wurde der Antrag auf eine West-Ost-Bahn gestellt. Im Frühjahr 1849 legten die Planer den Trassenentwurf vor. Die Gesamtkosten sollten 11 Millionen Gulden betragen, durch 60.000 Mitglieder eines Vereins zu finanzieren. Am 21. Juni 1851 schlossen Bayern und Österreich einen Staatsvertrag zum Bau der Bahn, diese sollte bis zum 1. März 1858 eröffnet werden. Grundstückstreitigkeiten und eine Finanzkrise verzögerten die Fertigstellung. Am 26. April 1860 fand auf dem Abschnitt Rosenheim – Traunstein die erste Fahrt statt und am 7. Mai wurde dieser Abschnitt in Betrieb genommen. Am 12. August 1860 wurde schließlich die gesamte Strecke in Anwesenheit der gekrönten Häupter König Maximilian II. und Kaiser Franz Joseph feierlich eröffnet. Aufgrund des steigenden Verkehrs wurde die Strecke über Rosenheim bald massiv ausgebaut, der Bahnhof in Rosenheim verlegt und auf Zweispurigkeit gesetzt. Die Streckenhöchstgeschwindigkeit lag jetzt bei 90 km/h. Die Anzahl der Züge stieg im Jahr 1900 auf 38 Zügen pro Richtung. 1927 wurde die Strecke durchgehend elektrifiziert, den Strom lieferte das neu gebaute Walchenseekraftwerk per Bahnstrom-Fernleitung.

Die Strecke von Prien nach Aschau sah immer wieder spannende Triebwageneinsätze. Auch 2020 waren mit der Baureihe 628 fast schon Oldtimer im Einsatz, hier kurz nach der Ausfahrt aus dem Bahnhof Aschau.

Betrieb

Auf der Strecke München – Salzburg verkehren vor allem die Fernverkehrszüge der DBAG und der ÖBB (mit Railjets), den Nahverkehr betreibt die »Bayerische Regiobahn Chiemgau-Inntal« im Auftrag des Freistaats Bayern. Zahlreiche Güterzüge nutzen die Lücken in den engen Fahrplänen.

Streckenbeschreibung

Der Abschnitt von München bis Rosenheim ist zunächst noch recht unspektakulär. Das ändert sich nach dem Verlassen

Im Dezember 2005 gab es einen heftigen Wintereinbruch in Bayern, bei dem am Tag der Aufnahme das Hallendach der Eissporthalle in Bad Reichenhall einstürzte. Ein EC mit einem ÖBB-Taurus passiert etwa zur selben Zeit den Bahnhof Teisendorf in Richtung Salzburg.

Die oberbayrischen Fenstermalereien sind in dieser Region allgegenwärtig und immer ein beliebtes Motiv.

In den frühen 1980er Jahren waren noch Altbau-Elloks wie die 116 009 (hier in Prien) im Einsatz.

des Bahnhofs Rosenheim, in dem die Strecke nach Innsbruck abzweigt. Zunächst wird der grüne Inn überquert und bald danach der erste Höhepunkt, der Simsee, erreicht. Über mehrere Kilometer begleitet die Strecke das Ufer dieses langgezogenen Sees. Schon bald danach fährt der Zug in Prien ein. Hier liegt der Bahnhof etwa zwei Kilometer vom Chiemsee entfernt. Dessen Ufer wird aber wenig später erreicht.

In Prien zweigt die kurze, nicht elektrifizierte Stichbahn nach Aschau sowie die bei Touristen sehr beliebte Schmalspurbahn an den Chiemsee ab. Über Bernau und Übersee geht es am Ufer des bayrischen Meers entlang. Hinter Übersee überquert die Strecke die Tiroler Ache, dann folgt für die Lokomotiven noch eine Steigung mit 10‰.

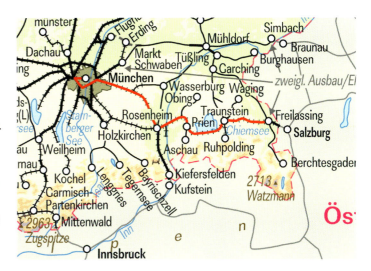

Einen Tag später entspannte sich die Lage bereits und es gab erste Aufhellungen, die Schnee- und Wolkenkulisse in Bad Reichenhall war dennoch immer noch eindrucksvoll.

Foto auf den Seiten 26/27: So sieht der Bahnhof Teisendorf, einer der guten Fotospots der Strecke, bei normalem Wetter aus: Ein Containerzug durchquert den Bahnhof in Richtung München.

DURCH DAS DONAUTAL

VON TUTTLINGEN NACH SIGMARINGEN

Das Tal der jungen Donau zwischen Tuttlingen und Sigmaringen wird von eindrucksvollen Kalkfelsformationen begleitet. Im Tal verläuft schon fast malerisch die Bahnstrecke, heute leider nur noch von Zügen des Regionalverkehrs bedient. Dennoch ergibt sich betriebsbedingt eine gewisse Vielfalt an Triebfahrzeugen, ergänzt durch etliche Sonderzüge.

Geschichte
Wie so oft war auch hier das Militär der Initiator der Planung. Die Strecke von Ulm endete bis 1890 in Sigmaringen. Eine Weiterführung nach Westen und damit der Anschluss an die Neckarbahn in Tuttlingen fehlte, bisher war sie an den topographischen Problemen gescheitert. Erschwert wurde der Bau durch die damals hier verlaufende Staatsgrenze zwischen Baden und Württemberg. Beide Staaten schlossen 1875 einen Staatsvertrag, die Lücke innerhalb der nächsten 15 Jahre zu schließen. Bereits 1878 wurde der Abschnitt bis Inzigkofen in Betrieb genommen, die hier abzweigende Strecke wurde nach Tübingen weitergeführt. Das Militär und die Anliegergemeinden machten Druck und so wurde tatsächliche die Strecke wie geplant 1890 in Betrieb genommen. Trotz aller Planungen blieb die Strecke eingleisig. Die größten Kriegsschäden fügte die deutsche Wehrmacht der Bahnlinie zu, um den Vormarsch der alliierten Truppen zu verzögern.

Bild links: Im September 2020 waren bereits einige wenige 644 der DB AG im Regionalbahnumlauf im Donautal, die Mehrzahl stellten noch die betagten 628er. Die eindrucksvollen Felswände stehen bei Thiergarten

Betrieb
Im Zwei-Stunden-Takt verkehren Regionalexpresszüge Ulm – Donaueschingen der DBAG, eingesetzt werden Triebwagen der Baureihe 612 in der gelbweißen Baden-Württemberg-Regional-Lackierung. Dazwischen verkehren Regionalbahnen, 2020 noch die schon fast musealen 628, teilweise sogar in beige-türkiser Lackierung sowie einzelne Triebwagen der HzL. Die Bahnhöfe in Hausen i.T. und Fridingen verfügen noch über mechanische Stellwerke und Formsignale, die über Drahtzugleitungen bedient werden.

Streckenbeschreibung
Ab Tuttlingen folgt die Bahn fast immer der jungen Donau. Nach Mühlheim geht es durch einen stark bewaldeten Abschnitt. Nach Fridingen wird eine Donauschleife mittels Tunnel abgekürzt und so einige Kilometer gespart. Unterhalb des Aussichtspunktes Knopfmacherfelsen erreicht die Strecke wieder den Fluss und nach wenigen Kilometern das Kloster Beuron. Hier weitet sich das Tal wieder deutlich. Rechts und links steigen immer wieder teilweise fast senkrechte Felswände empor. Als Höhepunkt thront Schloss Werenwag auf einer wuchtigen Klippe oberhalb des Bahnhofes Hausen im Tal. Obstbäume und Wiesen trennen Bahn und Fluss, Schwäne schwimmen Formation, kleine Staustufen zweigen Wasser für alte Mühlen ab. Die wenigen Ortschaften passen harmonisch ins Tal. Bei Thiergarten wird nochmals eine Donauschleife per Tunnel und anschließender Brücke abgekürzt. Kurz vor Inzigkofen kommt die bereits erwähnte Strecke von Tübingen von Norden hinzu, bis Sigmaringen verläuft die Strecke jetzt zweigleisig. Hier beherrscht das Hohenzollern-Schloss das Stadtbild.

2017 setzte die 52 7596 das verschneite Donautal massiv unter Dampf. Damals ging es am frühen Morgen nahe Hausen i.T. in Richtung Sigmaringen.

Zwischen den Zügen bleibt genügend Zeit, um z.B. eine Formation von Jungschwänen mit Muttertier zu bewundern.

Schloss Werenwag thront über der Station Hausen im Tal, die gerade von einem Regional-Express bedient wird.

Der Farbgeschmack des Besitzers des Bahnwärterhauses harmoniert perfekt mit dem alten Bundesbahn-Rot des VT 628 und den weißgrauen Felsen.

Immer wieder finden sich Dampfloks auf Sonderfahrten im Donautal. Hier verlässt die die 52 7596 mit ihrem Zug im Januar 2020 Hausen im Tal in Richtung Tuttlingen.
Foto: Matthias Buettner

EIFELBAHN
VON KÖLN NACH TRIER

Die Eifelstrecke Hürth-Kalscheuren über Euskirchen, Kall und Gerolstein nach Trier-Ehrang hat ihre besseren Zeiten (vorerst?) hinter sind. Zwischen den Weltkriegen und noch Jahrzehnte danach war sie eine gut bediente Fernverbindung mit D-Zügen und besten Anbindungen. In Blankenheim wird eine Wasserscheide überwunden, so dass dieser Abschnitt durchaus den Charakter einer Mittelgebirgsbahn hat.

Geschichte

Der Bau der Eifelbahn von Düren über Euskirchen und Gerolstein nach Trier begann 1864. Seit dem 1. Oktober 1875 ist sie durchgehend von Köln bis Trier befahrbar. Die Strecke war ursprünglich zweigleisig ausgebaut.

Bereits vor dem Ersten Weltkrieg plante die damals zuständige preußische Bahnverwaltung, die Eifelstrecke als eine der ersten Strecken in Deutschland zu elektrifizieren. Das scheiterte am Einspruch der Militärs, denen die Strecke zu nah an der deutsch-französischen Grenze lag und denen damit die Oberleitungen als Schwachstelle erschienen.

Die Frontnähe zeigte sich im Zweiten Weltkrieg tatsächlich als Problem: Gegen Ende des Krieges wurde der Kaller-Tunnel zerstört, auch 13 Brücken mussten neu gebaut werden. So konnte der durchgehende Verkehr erst Weihnachten 1947 wieder aufgenommen werden. Auf Anordnung der französischen Besatzungsmacht wurde das zweite Streckengleis weitgehend abgebaut, das Material wurde nach Frankreich gebracht. Im britischen (Nord-) Abschnitt verblieb das zweite Gleis dagegen fast durchgehend.

Auch die Triebwagen der Baureihe 644 sind in der Eifel schon wieder abgelöst von der nächsten Generation des modernen Triebwagenbaus.

2009 verkehrten noch mit Dieselloks der Baureihe 218 bespannte Personenzüge in den Umläufen, hier bei Gerolstein.

Betrieb

Während bis in die 1970er Jahre Dampfloks die Szene beherrschten, u. a. die Baureihe 39 im D-Zug-Einsatz und bis zu Beginn dieses Jahrtausends die Dieselloks de Baureihe 218 das Bild prägten sind heute die Dieseltriebwagen der Typen LINT 54 (BR 622) und LINT 81 (BR 620) im Einsatz. Güterzüge verkehren bis auf wenige Ausnahmen nicht. Der zaghafte Versuch, die Sprudelwassertransporte eines Getränkeproduzenten aus Gerolstein auf die Schiene zu bringen, scheiterten leider. Stattdessen wird für den Transport ins europäische Ausland in Köln auf Container verladen, was die Anlieger der LKW-Routen recht originell finden. Aufgrund der Überlastung der Rheinstrecken ist immer wieder ein zweispuriger Ausbau und die Elektrifizierung im Gespräch, nach über 100 Jahren … Dann könnten die Güterzüge ins Saarland und nach Frankreich hier ihre Fahrtstrecke deutlich abkürzen.

Streckenbeschreibung

Im Industriestandort Hürth-Kalscheuren zweigt die Eifelbahn von der linksrheinischen Strecke ab. In flachen Anstiegen wird unmerklich Höhe erklommen, fast nur erkennbar an der weiten Aussicht über das Kölner Becken, die bei klarem Wetter 50 km weit reichen kann. Ab Euskirchen (Abzweig einer Seitenstrecke nach Bonn und einer Stichbahn nach Bad Münstereifel) werden die Täler enger und die Kurven häufen sich. Das Schloss Satzvey wird passiert und die Anstiege werden steiler. Mehrere Tunnel mussten in diesem Abschnitt verbaut werden. Über Kall wird der Scheitelpunkt in Blankenheim-Wald erreicht. Der Bahnhof liegt weit ab des Städtchens, einen Nutzen hatten die Menschen hier in den ersten Jahrzehnten nicht wirklich von der Bahn. Es folgen – nun wieder abwärts rollend – Schmidtheim, auf einem hohen Steindamm durchquert und Dahlem, bevor die Eisenbahnersiedlung Jünkerath erreicht wird. Die hier einst abzweigende

Die Plandampfveranstaltung in der Eifel an Ostern 2010 war sicher eine der besten ihrer Art, zumal das Wetter meistens mitspielte. Am Schlusstag bespannte die 41 360 den Regionalexpress nach Euskirchen, absolut im Fahrplan. Hier wird die Steigung von Jünkerath nach Blankenheim angegangen.

Strecke nach Belgien ist schon lange stillgelegt und abgebaut. Ab Jünkerath folgt die Bahn mehr oder weniger dem Flüsschen Kyll bis zu dessen Mündung in die Mosel bei Ehrang.

Auch der ehemalige Knotenpunkt Gerolstein hat seine Bedeutung weitgehend verloren. Allerdings soll die hier abzweigende Eifelquerbahn demnächst wieder zu Regional-Express-Ehren kommen. Über Kyllburg und vorbei an Bitburg wird der ehemalige große Rangierbahnhof Ehrang und damit die Moselstrecke erreicht.

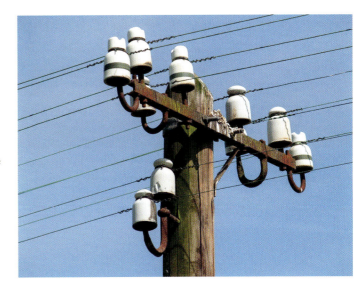

Foto rechts: Noch immer stehen stellenweise Telegrafenmasten an der Strecke, selbst die Drähte sind teilweise noch gespannt. Das letzte Telegramm dürfte schon einige Jahrzehnte zurückliegen ...

So muss es in Gerolstein in den besten Zeiten ausgesehen haben. Ostern 2010 wurde mit dem »Plandampf Eifel« nochmals daran angeknüpft.

Abgesehen von den hässlichen Jalousien ist das schon lange nicht mehr in Betrieb befindliche Stellwerk in Lissendorf historisch.

Eifelbahn | 37

DIE FICHTELBERGBAHN

VON CRANZAHL NACH OBERWIESENTHAL

Darauf, dass die Schmalspurstrecken der DDR nach der Wende im Alltagsbetrieb allesamt überleben würden, hätte 1990 vermutlich kein einziger Eisenbahnfreund gewettet. Während die Schmalspurbahnen an der Ostsee und im Harz aufgrund des dortigen starken Tourismus als nicht ganz so gefährdet angesehen wurden, war neben dem Zittauer Netz und der Weißeritztalbahn die Fichtelbergbahn wohl der am häufigsten genannte Kandidat für eine Einstellung. Aber weit gefehlt: Sachsen bietet aktuell bundesweit das dichteste Netz an regelmäßig verkehrenden, dampfbetriebenen Schmalspurbahnen. Heute sind die Bahnen eine touristische Attraktion und nicht mehr – wie noch bis weit in die DDR-Zeiten hinein – ein alltägliches Verkehrsmittel. Davon zeugt auch die sächsische »Dampfbahn-Route«.

Geschichte
Nachdem das benachbarte Annaberg 1866 einen Eisenbahnanschluss erhalten hatte, begannen die Überlegungen, auch den damals schon als Ausflugsziel beliebten Fichtelberg im Erzgebirge anzubinden. Da ohnehin nur ein geringes Verkehrsaufkommen prognostiziert wurde, war man sich schnell einig, dass eine Schmalspurbahn den Ansprüchen genügen würde. Der Sächsische Landtag beschloss am 1. März 1894 den Bau.
Bereits im Sommer 1894 begannen erste Vermessungsarbeiten, die im Sommer 1895 beendet wurden. Offizieller Baubeginn war im April 1896, bis zum Juli 1897 waren die Arbeiten bis auf kleinere Reste abgeschlossen. Am 19. Juli 1897 wurde die neue Verbindung feierlich eröffnet.

Bild links: In Sehmatal führt die Strecke durch die örtlichen Grünanlagen.

Bis zum Beginn des Zweiten Weltkriegs lief der Betrieb reibungslos, selbst ein reger Güterverkehr fand statt. Zu den Haupturlaubszeiten im Sommer und Winter »brummte« die Bahn. Allerdings schmälerte der ab 1930 parallel laufende Busverkehr die Ergebnisse. Ab 1939 brach der Ausflugsverkehr kriegsbedingt ein. Mit Kriegsende wurde der Betrieb völlig eingestellt.
1955 begann der Ausflugsverkehr wieder, allerdings gab es bergbaubedingt an der Strecke jetzt größere Probleme. Fehlende Kapazitäten im Straßenverkehr verhinderten die immer wieder geforderte Stilllegung. 1988 gab es einen Regierungsbeschluss, der den Bestand der Schmalspurbahnen als »erhaltenswert« einstufte.
Nach der Wende wurde der Güterverkehr sehr bald eingestellt. Die touristische Nachfrage nahm allerdings eher weiter zu. Nachdem 1990 zunächst die Deutsche Bahn Eigentümer war, folgte nach der Privatisierung 1998 die BVO Bahn GmbH, die 2007 in der Sächsischen Dampfeisenbahngesellschaft mbH (SDG) aufging. Ab 1992 wurde die Strecke aufwendig saniert.

Betrieb
Im Alltagseinsatz sind überwiegend die ex-DR-Schmalspurdampfloks der Neubau-Baureihe aus den 1950er Jahren der Baureihe 99.1771 – 1794 (ab 1992: 099 736 – 757) unterwegs. Es verkehren Züge etwa im Dreistundentakt, in der Hochsaison wird mit zwei Zugpaaren und mehr gefahren.

Streckenbeschreibung
Die Fichtelbergbahn startet in Cranzahl (654 m ü. NN), wo eine Anbindung an den Nahverkehr der DBAG besteht. Ziel ist der

Der Aufgang zum Bahnsteig in Cranzahl ist noch im Originalzustand.

Kurort Oberwiesenthal in 914 m Höhe, das nach einer einstündigen Fahrt erreicht wird. An der Art der Reise, wie sie unsere Großeltern schon unternahmen, um zur Sommerfrische an den Fichtelberg zu kommen, hat sich seither wenig geändert. Ab dem Bahnhof Neudorf verlässt die Strecke die Straße und kämpft sich durch ein Waldgebiet auf dem steilsten Abschnitt bergauf bis Kretscham-Rothensehma. Im Pöhlbachtal wird die Grenze zur Republik Tschechien erreicht, der die Bahn jetzt parallel folgt. Ab Hammerunterwiesenthal verengt sich das Tal, es bietet nur noch Platz für die Bahnstrecke und die Bundesstraße. Zu beiden Seiten finden sich steile Wiesen beziehungsweise ein bewaldeter Höhenzug. Am Ende der Fahrt, die stetig bergan führt, überquert die Bahn kurz vor ihrem Ziel das Hüttenbachviadukt, mit 110 m Länge und 23 m Höhe das größte Bauwerk der Strecke und fährt direkt in die Endstation ein.

Foto links oben: Kurz nach Kretscham-Rothensehma ist einer der Scheitelpunkte erreicht, zunächst geht es bergab, bevor ab Ortsmitte Böhmisch Hammer der letzte Anstieg folgt.

Foto links: Wie in alten Zeiten: Am Morgen des 23. März 2019 verließ 99 1608-1 mit einem (Foto-) Güterzug den Bahnhof Oberwiesenthal und überquerte das Viadukt über das Jungfernbachtal. .

Foto: Dirk Endisch

Am Ortsausgang von Cranzahl ist 99 1773 mit dem P 1105 nach Kurort Oberwiesenthal voll gefordert.

Foto: Matthias Hille

DIE GEISLINGER STEIGE

VON GEISLINGEN NACH AMSTETTEN

Die Geislinger Steige ist Teil der Fernverbindung Stuttgart – Ulm – München. Gemeinsam mit dem Neu- und Umbau des Bahnknotens Stuttgart (»Stuttgart 21«) entsteht auch eine neue Schnellfahrstrecke zwischen der baden-württembergischen Landeshauptstadt und Ulm. Es bleibt zu hoffen, dass die alte Strecke zumindest im Nahverkehr erhalten bleibt, bietet sie doch einen sehenswerten Aufstieg auf die Schwäbische Alb mit »viel Landschaft«.

Geschichte

Schon zu den Zeiten der Römer gab es hier einen Handelsweg. Heute ist mit der »Geislinger Steige« die Eisenbahnteilstrecke östlich des namensgebenden Städtchens gemeint. Am 18. April 1843 wurde der Bau einer ersten Eisenbahnstrecke von Heilbronn nach Friedrichshafen am Bodensee beschlossen. In Heilbronn endete damals die Neckarschifffahrt. Nach der Prüfung verschiedener Alternativen entschieden sich die Planer letztendlich für eine kurze und steile Rampe bei Geislingen. Am Bau ab 1847 wirkten etwa 3.000 Arbeiter mit, die Strecke wurde 1850 eröffnet.

Der Betrieb war für die jeweils zuständige Bahn (zunächst: Königlich Württembergischen Staats-Eisenbahnen, K.W.St.E.; später: Deutsche Reichsbahn und Deutsche Bundesbahn) eine Herausforderung. Zu Dampflok-Zeiten wurde fast jeder Zug zwischen Geislingen/Steige und Amstetten nachgeschoben.

Bild links: Wenige Kilometer nach Geislingen geht es an steilen Felswänden entlang. 2019 wurden die Regional-Expresszüge noch von Elloks der Baureihe 111 geführt.

Die Deutsche Reichsbahn elektrifizierte 1933 die Strecke. Die leistungsstärkeren Elektrolokomotiven ersparten bereits etliche Schubfahrten. Für den Rest wurden zunächst Lokomotiven der Baureihe E 93 / E 94 auf dem Steigungsabschnitt eingesetzt.

Betrieb

Neben den Fernzügen (meistens ICEs und einige ICs/ECs) verkehren IRE auf der Bahnlinie. Am Beginn der 1990er Jahre wurden noch täglich bis zu 40 Güterzüge auf der Geislinger Steige nachgeschoben. Noch heute werden schwere Güterzüge nachgeschoben, dafür stehen in Geislingen Lokomotiven bereit. Seit verstärkt private Eisenbahnverkehrsunternehmen in Deutschland Gütertransporte durchführen, sind auch oft private Schiebeloks anzutreffen. Die Höchstgeschwindigkeit beträgt derzeit 70 km/h.

Streckenbeschreibung

Der Aufstieg auf die Schwäbische Alb über die Geislinger Steige ist der reizvollste Abschnitt auf der Fahrt von Stuttgart nach Ulm. Zwischen Geislingen und Amstetten wird auf einer Strecke von 5,6 km ein Höhenunterschied von 112 m bei einer Steigung von maximal 1:44,5 überwunden.

Zunächst beschreibt die Bahntrasse einen großen Bogen um die Stadt Geislingen, mitten im Bogen liegt der Bahnhof. Bereits bis zum Bahnhof Geislingen (469 Höhenmeter) hat die Strecke mit 9 bis 11 ‰ einen erheblichen Anstieg hinter sich.

Direkt hinter dem Bahnhof beginnt der stärkste Anstieg mit 22,5 ‰. In einem engen Tal wird – bergauf gesehen – die linke Talseite genutzt, um Höhe zu gewinnen. Das enge Tal teilen sich Bahn, Straße und Flüsschen. Oft reichen die schroffen Felsen

Auch die Geislinger Steige sieht öfters Sonderfahrten: im Juni 1996 rollen zwei Dampfloks der Baureihe 01 mit ihrem Sonderzug abwärts in Richtung Geislingen.
Foto: Werner Brutzer

weniger als einen Meter an das Gleisprofil heran. Da die Strecke zwangsweise der Topographie des Tales folgen muss, schlängelt sich die Bahn in engen Kurven bergauf. Immer wieder ist der Blick auf den Anfang oder das Ende des Zuges möglich. Ungefähr auf der Hälfte der Strecke passiert der Zug in Fahrtrichtung links das Denkmal für den Erbauer der Geislinger Steige, den württembergischen Oberbaurat Michael Knoll (1805 – 1852). Nachdem der kleine Bahnhof Amstetten, in dem zwei Lokalbahnen abzweigen (heute nur noch Museumsbetrieb), erreicht ist, öffnet sich die Landschaft und der Zug rollt über die Hochfläche der Alb gen Ulm und Donau.

Noch in den frühen 1980er Jahren hatten die betagten Elloks der Baureihe 193 Schiebedienst in Geislingen.

Im letzten Abendlicht eines Sommertages strahlt der obere Teil der Rampe im besten »Glint-Licht«, hier ein bergauffahrend Güterzug.

DIE HALLIGBAHNEN

VON DAGEBÜLL UND CECILIENKOOG INS WATTENMEER

Die zehn Halligen vor der nordfriesischen Küste haben einen unschätzbaren Wert für den Schutz der eigentlichen Küstenlinie. Um wiederum deren Schutz und Unterhaltung zu sichern, entstanden zwischen 1925 und 1934 die beiden heute noch existierenden Halligbahnen von Cecilienkoog nach Nordstrandischmoor (Spurweite 600 mm) und von Dagebüll nach Oland und Langeneß (Spurweite 900 mm). Die Halligbahnen sind also genau genommen Küstenschutzbahnen. Sie dienen weniger dem Transport von Personen, ihr Hauptzweck ist die Sicherung der Halligen. Mit ihnen werden schwere Steine und anderes Baumaterial an die jeweiligen Stellen vor Ort gebracht, wo sie zum Schutz gegen die Fluten verbaut werden. Als Zugeständnis der Behörden können die Halligbewohner zur Selbstversorgung eigene private Loren verwenden. Betreiber der Bahn und Eigentümer von Gleis und Damm ist der Landesbetrieb für Küstenschutz, Nationalpark und Meeresschutz Schleswig-Holstein (LKN-SH). Beide Bahnen lassen sich vom Festland aus problemlos besuchen und fotografieren.

Geschichte

Die Halligbahn Dagebüll – Oland – Langeneß entstand in den Jahren 1925 bis 1928 in der Spurweite 900 mm auf einem Pfahldamm. Die Gleise stammen von den Baubahnen des Hindenburgdamms. Anfangs wurden die Loren per Segel durch den an der Küste reichlich vorhandenen Wind vorangetrieben. Doch

Bild links: Hier ist einer der Gründe für die »Neubaustrecke« zu sehen: Die Schlickablagerungen bremsten häufig die Fahrten aus und erforderten Handarbeit vor der Weiterfahrt, nasse Füße inklusive.

manchmal herrschte auch Flaute. Um zuverlässiger verkehren zu können wurde bald auf Benzin- oder Dieselmotoren umgerüstet. Ab 2005 wurde die Strecke nach Oland neu gebaut, der neue Damm liegt etwa 65 cm höher, um auch bei höherem Wasserstand fahren zu können und weniger Schwierigkeiten mit Schlickablagerungen zu haben. In der Mitte des Damms ist ein Teil so gebaut, dass Füchse nicht nach Oland gelangen können, um so die Vogelwelt auf den Halligen zu schützen.

Die Bahn Lüttmoorsiel – Nordstrandischmoor wurde 1933/34 auf einem Pfahldamm gebaut. Am 1. März 1956 zerstörte Eisgang die Strecke, sie wurde aber umgehend wieder aufgebaut. 1977 wurde der Pfahldamm mit Bruchsteinen aufgefüllt und 1987 wurde der Streckenabschnitt zwischen Cecilienkoog und dem damals neugebauten Außendeich aufgegeben. Im Jahr 2000 wurde ein neuer, höherer Damm errichtet, der weitgehend gezeitenunabhängig befahren werden kann.

Betrieb

Während der Dienstzeiten wird der Damm von den Fahrzeugen des LKN-SH befahren, der Motorlorenverkehr der Anwohner hat dann Nachrang. Häufig rücken die Bauzüge bereits mit den ersten Sonnenstrahlen aus. Nach Feierabend haben die Halligbewohner die Gleise mit ihren unterschiedlichen und zum Teil selbst gebauten Vehikeln für sich.

Den Halligbewohnern sind besondere Restriktionen auferlegt: Sie dürfen zwar mit eigenen Loren den Damm nutzen, um Besorgungen auf dem Festland zu erledigen. Mitfahrten von Passanten sind strikt verboten und werden mit dem Entzug der Fahrerlaubnis geahndet. Die Bewohner von Oland dürfen nur

2008 war der neue Damm schon fast fertig und bot gute Fotomöglichkeiten, gefahren wurde noch auf der alten Strecke.

Angehörige und Feriengäste auf ihren Loren befördern, die Langeneßer nur Angehörige. Die privaten Loren sind meistens einfach gebaut, oft offen ohne Wetterschutz. Angetrieben werden sie von kleinen Industriemotoren von 4,5 bis 9,5 PS. Die Baufahrzeuge sind Schöma-Feldbahn-Loks von 25 bis 65 PS.

Streckenbeschreibung

Die Strecke beginnt in Dagebüll, von wo aus auf einem Pfahldamm zunächst Oland erreicht wird. Über Land wird die Hallig gequert, anschließend geht's über einen Steindamm zur Hallig Langeneß. Zwischen Dagebüll und Oland ermöglichen vier Ausweichen Kreuzungen auf der eingleisigen Strecke. Gefahren wird auf Sicht, bei jeder Wetterlage. Die zweite Bahn beginnt in Lüttmoorsiel mit der Uferdammüberquerung, um dann auf dem Steinwall mit zwei Kreuzungsmöglichkeiten Nordstrandischmoor zu erreichen.

Die Feldbahn-Lokomotiven der Bahn sehen putzig aus, erfüllen aber ihren Zweck.

Vom Damm in Cecilienkoog bietet sich ein guter Ausblick auf die Bahnstrecke und die Halligen.

HARZQUER- UND BROCKENBAHN

VON WERNIGERODE UND NORDHAUSEN AUF DEN BROCKEN

Das Schmalspurnetz im Harz in 1.000 mm Spurweite hatte in der DDR einiges zu bieten: Gütertransporte in einer Region mit schlecht ausgebauten Straßen, eine auch wintersichere Versorgung der Armeeposten in der Grenzregion, einen verlässlichen Personentransport quer durch das unwirtliche Gebirge und wenn zur Volksbelustigung mal ein Wochenendausflug für die Familie rausprang, konnte man auch nichts dagegen haben. Allerdings hatte alles seine Grenzen, der Brocken selbst war Sperrgebiet und für alles im Nahbereich des »anti-imperialistischen Schutzwalles« gab es schärfste Restriktionen.

Geschichte
Die Harzquerbahn von Wernigerode nach Nordhausen ging ab 1897 abschnittsweise in Betrieb, 1899 wurde die letzte Lücke geschlossen und außerdem die Strecke auf den Brocken fertiggestellt, die im Bahnhof Drei Annen Hohne abzweigt. Betriebergesellschaft war zunächst die Nordhausen-Wernigeroder Eisenbahn-Gesellschaft (NWE). Nach der Verstaatlichung führte ab dem 1. April 1949 die Deutsche Reichsbahn (DR) den Betrieb bis 1993 durch. Einer kurzen Episode unter der Deutschen Bahn folgte die Gründung der Harzer Schmalspurbahnen (HSB).

Foto links: Die Ausfahrten aus Drei Annen Hohne in Richtung Brocken fordern die ganze Leistung der Loks. Die Verbrennung der 99 7245 ist offenkundig nicht ganz optimal eingestellt, den Fotografen freut es

Allerdings wurde der Zugbetrieb im Vergleich zu DR-Zeiten sehr stark ausgedünnt und bei gering frequentierten Umläufen verkehren Triebwagen. Nichtsdestoweniger werden auch heute noch Dampfloks eingesetzt, vor allem auf der Strecke von Wernigerode auf den Brocken.

Betrieb
Die Einsatzstellen der Dampflokomotiven liegen in Nordhausen und Wernigerode, wo diese auch gewartet und auf den nächsten Einsatz vorbereitet werden. In Wernigerode wurde zur Beobachtung dieser Vorgänge eigens eine kleine Zuschauertribüne errichtet. Eingesetzt werden überwiegend die Nachkriegsdampfloks der Baureihe 99.72. Die betagten Malletloks 99 5901 bis 5903 und 5906 stehen für Sonderzüge zur Verfügung und die umgebaute DR-V 100 (BR 199.8) überwiegend für die wenigen Güterzüge sowie Triebwagen als Reserve. Auf der Strecke von Nordhausen bis Ilfeld verkehren die Zweikrafttriebwagen vom Typ »Combino Duo« der Straßenbahn Nordhausen.

Streckenbeschreibung
Die Strecke Wernigerode – Drei Annen Hohne – Brocken ist der »Dukatenesel« der Bahn. Neben einem dichten, teilweise im Stundentakt verkehrenden planmäßigen Betrieb werden oft Sonderzüge gefahren. Die Züge werden von Wernigerode direkt bis zum Brocken geführt, Reisende von Nordhausen müssen in

Drei Annen Hohne umsteigen. So sieht dieser Bahnhof heute noch mehrmals täglich drei Dampfzüge gleichzeitig, wohl einmalig in Europa.

Die Strecke durchquert das sich entlang des Tals ziehende Wernigerode bis zur Station im Stadtteil Hasserode fast als »Dampfstraßenbahn«. Im Bahnhof Steinerne Renne beginnt der eigentliche Anstieg. Ab hier verläuft parallel zur Strecke ebenfalls ein leicht begehbarer Wanderweg. Die Bahnlinie folgt zunächst einem Bachlauf, dann geht es durch dichten Wald über Hufeisenkurven und durch den 58 m langen Thumkuhlenkopftunnel, dem einzigen Tunnel der Strecke, aufwärts. Direkt hinter dem Bahnhof Drei Annen Hohne verlässt die Strecke auf den Brocken die Harzquerbahn nach Nordhausen.

Nach dem Abzweig wird den Dampfloks alles abgefordert. Im Bahnhof Schierke besteht die letzte Zustiegsmöglichkeit. Weiter geht es steil bergauf, bald ist die Baumgrenze erreicht, die Aussicht wird immer besser – vorausgesetzt das Wetter spielt mit. Zum Abschluss wird der Brocken zunächst einmal umrundet, bevor auf dem recht kleinen Plateau der Endbahnhof erreicht ist. Bei gutem Wetter bekommt der Reisende so per Karussell-Fahrt einen 360°-Rundblick über die norddeutsche Tiefebene bzw. über den angrenzenden Teil des Harzes geboten.

Völlig zu Unrecht fungiert die Strecke von und nach Nordhausen mittlerweile fast nur noch als Zubringer für den Brockenverkehr, denn auch sie bietet reizvolle Ausblicke auf die Landschaft des Harzes. Gleichzeitig künden Ortsnamen wie Elend und Sorge davon, dass die nächsten Kilometer noch nie die Wohlstands-

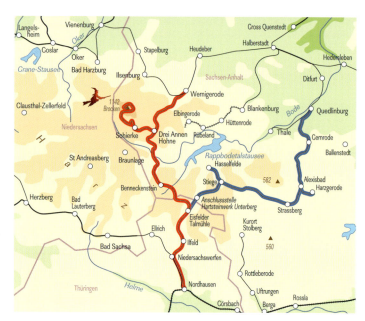

Die Karte zeigt gleichzeitig die Trassen des nächsten Kapitels, das der benachbarten Selketalbahn gewidmet ist.

quartiere der Region waren. Im Bahnhof Eisfelder Talmühle zweigt die Strecke nach Stiege ab, die die Harzquerbahn mit der Selketalbahn verbindet (siehe nächstes Kapitel).

In den Umläufen mit geringem Fahrgastaufkommen werden Triebwagen eingesetzt. Dieser startet in wenigen Minuten von Eisfelder Talmühle nach Nordhausen.

Detail an einer 99.72: Der Teufel tanzt im Fahrtwind!

Die Mallets der Baureihe 99.59xx werden in erster Linie bei Sonderfahrten eingesetzt, Aufnahme im Depot Wernigerode

Die Verbrennung der auf »historisch« getrimmten 99 234, wenige Höhenmeter später fotografiert, funktioniert im Jahr 2018 deutlich besser.

Foto links: Die 99 7237 hat den Bahnhof Dreiannenhohne fast erreicht. Dort zweigt die Strecke zum Brocken ab.

Foto auf der Seite 56: Kurz hinter der Ausweiche Goetheweg geht es mit Volldampf zur Brockenspirale. 2011 standen die Bäume im Harz noch dicht an dicht. Foto: Christoph Oboth

Foto auf der Seite 57: Nicht immer sieht man auf dem Brockengipfel die Sonne! Zum Jahreswechsel 2011/12 herrschten Idealbedingungen. Der Zug hat die Baumgrenze erreicht und wird gleich in den Brockenbahnhof einfahren. Foto: Christoph Oboth

SELKETALBAHN

VON EISFELDERTALMÜHLE UND HASSELFELDE NACH HARZGERODE UND QUEDLINBURG

Das Selketal und die nach ihm benannte Bahnstrecke ist der unbekannte Teil des Harzes. Hier strömen nicht die Tausende Touristen auf den Brocken, hierher verirren sich eher einsame Wanderer, die Ruhe abseits des Trubels suchen. Umso überraschender ist es, dass sich diese Nebenlinie der Harzquerbahn entgegen allen Unkenrufen bis heute gehalten hat.

Geschichte

Als erste und damit älteste Schmalspurbahn des Harzes eröffnete die Gernrode-Harzgeroder Eisenbahn-Gesellschaft (GHE) am 7. August 1887 den Abschnitt Gernrode – Mägdesprung in der Spurweite von 1.000 mm. Schrittweise erreichte die Bahnline über Alexisbad bis 1892 Hasselfelde und erschloss damit das Selketal. Seit 1905 verband die Strecke von Stiege zur Eisfelder Talmühle die GHE mit der Nordhausen-Wernigeroder Eisenbahn (NWE), der nach 1946 zunächst der Betrieb übertragen wurde. Allerdings wurden die meisten Abschnitte der Strecke als Reparationsleistung demontiert und in die UdSSR abtransportiert. Doch bis 1950 wurden die meisten Teile der Bahnlinie wieder aufgebaut, die jetzt wie die NWE von der Deutschen Reichsbahn betrieben wurde. Nur der Abschnitt Straßberg – Stiege wurde erst 1983 wiederaufgebaut. Später wurde mehrfach überlegt, den schon damals nicht rentablen Teil des Netzes stillzulegen. Dies unterblieb aufgrund der schlechten Straßenverbindungen in der Region. 1993 übernahmen Harzer Schmalspurbahnen GmbH (HSB) neben der Harzquerbahn auch die Selketalbahn. Nachdem die Normalspurstrecke Quedlinburg – Gernrode – Ballenstedt – Frose von der DB AG stillgelegt worden war, entschloss sich die HSB, den Abschnitt zwischen Gernrode und Quedlinburg 2006 zu übernehmen und auf Meterspur umzuspuren. Seither verkehren die Züge bis in die Welterbestadt Quedlinburg.

Foto links: Der Bahnhof Alexisbad hat sich ebenfalls seit Jahrzehnten kaum verändert, lediglich der Triebwagen im Hintergrund lässt die Nachwendezeit erkennen.

Betrieb

Die wenigen Züge werden meistens nur von einer Dampflok geführt, meistens von der 99 6001, einem 1939 von Krupp an die NWE gelieferten Einzelstück mit der Bauart 1'C1' h2. Ergänzend ist ein Triebwagen unterwegs. Die lokbespannten Züge laufen immer ab Quedlinburg mit »richtig« (= Esse voran) stehender Lok und durchfahren für die Tour nach Eisfelder Talmühle in Stiege die legendäre Schleife, um das Umspannen zu sparen.

Streckenbeschreibung

Die Strecke verläuft vor allem im Tal der namensgebende Selke, das sie erst bei Mägdesprung (in Richtung Gernrode) verlässt. Dabei unterscheiden sich die Abschnitte jeweils einige Kilometer um Stiege deutlich vom Rest der Strecken. Während letztere überwiegend im Wald verlaufen, wird hier zunächst das offe-

2013 musste, wie immer bei Einsatzpausen für die 99 6001, eine 99.72 aus Wernigerode einspringen. Auch bei der Ortsdurchfahrt in Straßberg hat sich wenig geändert.

ne Tal der Selke durchquert, bevor es nach Stiege mit seiner sehenswerten, auch heute noch genutzten »Modellbahn-Wendeschleife« – diese ermöglichte seit 1983, dass Züge von und zur Harzquerbahn den Bahnhof Stiege ohne Umsetzen in Richtung Eisfelder Talmühle bzw. Silberhütte verlassen konnten – auf eine offene Hochebene mit weiten Blicken in die Landschaft geht. Ein Abstecher führt noch weiter in die Höhe bis Hasselfelde. Durch den Wald geht es nach der Rückkehr dann von Stiege nach Eisfelder Talmühle mit Anschluss nach Nordhausen oder Wernigerode.

Diese Reise am Ufer des Bachlaufes der Selke eröffnet immer wieder neue Aussichten wie die auf ein Fachwerkdörfchen (Straßberg) bei einer sehenswerten Ortsdurchfahrt oder z.B. im Herbst auf ein bunt gefärbtes Gesamtkunstwerk von Mutter Natur. Ebenso sind der weitere Verlauf der Bahn nach Gernrode und der steile Anstieg von Alexisbad nach Harzgerode se-

Die Ausfahrten der 99 6001 aus Gernrode haben sogar die Wende überlebt, hier im Jahr 2008 wie schon 1985 oder 2020.

Der steile Anstieg zwischen Hasselfelde und Stiege erfordert die vollständige Power der 99 6001, selbst mit den im Selketal üblichen Kurzzügen.

henswert. Auch hier begleiten, wie fast überall, Wanderwege den größten Teil der Strecke. Allerdings müssen abschnittsweise Wanderungen klug geplant werden, die Zugdichte beschränkt sich auf wenige Verbindungen am Tag.

DIE ZITTAUER SCHMALSPURBAHN

VON ZITTAU NACH OYBIN UND JONSDORF

Die Zittauer Schmalspurbahn bringt ihre Fahrgäste aus der ehemaligen Kreisstadt Zittau in die Kurorte Oybin bzw. Jonsdorf. Die Region Oberlausitz liegt im Dreiländereck und grenzt an Polen und Tschechien. Vor allem bei Touristen ist die Bahn sehr beliebt, aber auch im Schülerverkehr spielt sie durchaus noch eine Rolle.

Geschichte

Zittau erhielt mit dem Bau der Bahnstrecke nach Löbau durch die Löbau-Zittauer Eisenbahngesellschaft 1848 seinen ersten Bahnanschluss. Schon zu dieser Zeit entwickelte sich ein Ausflugtourismus in das Zittauer Gebirge. Am 28. März 1889 wurde die Konzession für den Bahnbau erteilt, am 26. Juni 1889 begann der Bahnbau.

Am 24. November 1890 folgte die feierliche Eröffnung. Schon nach wenigen Jahren kam die Bahn durch notwendige Baumaßnahmen zur Streckensicherung in finanzielle Schieflage. Nach mehreren vergeblichen Anläufen in den Jahren zuvor wurde die Schmalspurbahn am 1. Juli 1906 für 770.000 Mark an das Königreich Sachsen verkauft. Wegen der ständig wachsenden Fahrgastzahlen begann 1913 der zweigleisige Ausbau zwischen Zittau-Vorstadt und Oybin.

Eigentlich sollte nach dem Zweiten Weltkrieg die gesamte Strecke demontiert und in die UdSSR abtransportiert werden, die Demontage wurde aber wegen des erkennbaren Bedarfs abgebrochen. Vollständig demontiert wurde dagegen das zweite Gleis. 1981 beschloss das zuständige DDR-Organ, den Reiseverkehr ab Herbst/Winter 1990 einzustellen und durch eine Straßenbahn zu ersetzen. Aber die Wende und eine andere Energiepolitik (Braunkohleabbau) kamen dazwischen, somit konnte im Mai 1990 das 100. Jubiläum gefeiert werden. Nach der Wende wurde am 28. Juli 1994 die Sächsisch-Oberlausitzer Eisenbahngesellschaft (SOEG) gegründet. Diese übernahm am 1. Dezember 1996 die Strecke, Gebäude, Lokomotiven und Wagen.

Betrieb

Neben vereinzelten Diesellokeinsätzen und dem bei Sonderfahrten eingesetzten historischen Triebwagen VT 137 322 setzt die Bahn ausschließlich Dampflokomotiven ein. Überwiegend sind das Einheitslokomotiven der Baureihe 99.73-76 und die Lok 99 787 (Neubau-VII K der Baureihe 99.77-79). Die fünffach gekuppelten Einheitsloks haben einen Barrenrahmen (Neubaulok: Blechrahmen) und verfügen vorn und hinten über sogenannte Bisselachsen. Die fest gelagerte dritte Achse dient als Treibachse.

Streckenbeschreibung

Der Bahnhof Zittau – in seiner Größe an glorreiche Zeiten erinnernd – liegt etwas außerhalb des sehenswerten Städtchens. Die Schmalspur beginnt auf dem Bahnhofsvorplatz. Nach der Haltestelle Zittau-Süd wird das Flüsschen Mandau überquert, bevor der Bahnhof Zittau-Vorstadt mit mehreren Ausweichgleisen erreicht wird. Ab hier setzt die Steigung ins Gebirge ein.

Die Ortschaft Olbersdorf wird östlich passiert, bevor die Bahn den Abzweigbahnhof Bertsdorf erreicht. Er ist heute noch fast im ursprünglichen Zustand mit Holzbahnsteigüberdachungen, einem Stellwerk und Formsignalen. Hier trennen sich die Strecken

Foto links: Im Januar 2012 stürmt die 99 731 aus Olbersdorf heraus.

Der zweite Umlauf an diesem Januar-Tag 2012 (siehe Seite 62) wurde von der 99 749 geführt, hier bei der Ausfahrt aus Zittau-Vorstadt.

2007 war der VT 41 im Nahverkehr um Zittau im Einsatz. Der heute etwas überdimensionierte Bahnhof erinnert an alte, bessere Zeiten.

Den Abfahrauftrag erteilt ein Aufsichter in einem Olbersdorfer Vorgarten.

nach Jonsdorf und Oybin. Häufig gibt es planmäßige Doppelausfahrten. Der Zug nach Jonsdorf fährt zunächst in einer engen Kurve und unterquert nach wenigen Hundert Metern die Straße, der er dann bis zum Endbahnhof parallel folgt. Dabei wird diese einmal gekreuzt, der Bahnhof in Jonsdorf liegt linkerhand etwas oberhalb des Dorfes.

Interessanter ist die Strecke nach Oybin. Sie schlängelt sich im Tal eines Baches bergauf und bietet vor allem mit den sehenswerten Felsformationen kurz vor dem Kurort und rund um die Teufelsmühle mit dem gleichnamigen Haltepunkt reizvolle Motive.

Der Abzweigbahnhof in Bertsdorf atmet den Charme alter Tage, auch noch im Jahr 2012.

IM MAINTAL

VON WÜRZBURG NACH GEMÜNDEN

Die Strecke von Würzburg nach Gemünden gehört zur Main-Spessart-Bahn Würzburg – Aschaffenburg. Auch der Namensgeber des zweiten Teils ist interessant, wir beschränken uns jedoch auf dem Abschnitt ab Gemünden im Maintal.

Geschichte
Bei der Streckeneröffnung am 1. Oktober 1854 war die Main-Spessart-Bahn Teil der bayerischen Ludwigs-West-Bahn von Bamberg über Würzburg nach Aschaffenburg bis zur damaligen Landesgrenze mit dem Kurfürstentum Hessen zwischen Kahl am Main und Großkrotzenburg. Am 10. Oktober 1954 wurde der Abschnitt von Würzburg bis Veitshöchheim elektrifiziert. Seit dem 26. September 1957 ist die Gesamtstrecke elektrisch befahrbar.

Eine Anfang der 1970er Jahre geplante Neubaustrecke Aschaffenburg – Würzburg sollte den überlasteten Abschnitt zwischen Gemünden und Würzburg entlasten. Wegen Widerständen vor Ort erfolgte der Ausbau der Bestandsstrecke zwischen Aschaffenburg und Gemünden bis zum Jahr 1990. Im Zuge der 1991 eröffneten Neubaustrecke Fulda – Würzburg wurde auch der ICE-Verkehr aus Richtung Frankfurt auf die neue Trasse geführt. Eine Gleisverbindung ist in Burgsinn vorhanden, so dass die ICEs bei Bedarf wechseln können.

Betrieb
Außer Umleitern sind also im Maintal nur noch Nahverkehr und Güterzüge zu sehen, davon aber mehr als genug. Die Zugdichte, vor allem an Werktagen, kann sich sehen lassen. Da bis Gemünden die beiden Hauptstrecken von Fulda und von Frankfurt zusammenlaufen, dürfte auf diesem Abschnitt eine der höchsten Betriebsdichten in Deutschland herrschen.

Streckenbeschreibung
Nachdem der Würzburger Hauptbahnhof durchfahren ist, geht es zunächst durch den ehemaligen Rangierbahnhof Veitshöchheim. Hier unterquert die Main-Spessart-Bahn die Schnellfahrstrecke Hannover – Würzburg, welche das Maintal auf einem 30 m hohen Viadukt überquert. Die alte Strecke folgt rechtsseitig dem Fluss. Das Ufer teilt sich die Bahn mit der Bundesstraße 27, manchmal wird es eng. Bei Himmelstadt werden die Felswände höher und steiler. Die Hänge mit Weinanbau kommen näher an den Main, die Lagen werden ebenfalls steiler und ermöglichen mittels der Wirtschaftswege auch oft einen guten Überblick über das gesamte Tal. Dem großen 180-Grad-Bogen ab Wernfeld folgen Straße und Bahn einvernehmlich. In der Mitte des Bogens liegt das sehenswerte Städtchen Gemünden, mit einem wunderbar fotografisch verwertbaren Panorama. Im Anschluss wird nochmals die Schnellfahrstrecke unterquert.

Foto links: Ein doppelstöckiger Regional-Express der Baureihe 445 liefert vor den Muschelkalkwänden bei Himmelstadt einen farbenprächtigen Kontrast.

Bild nächste Seite: Die VTG Retrack EuroDual-Lok war erst wenige Wochen im Einsatz, als sie im April 2021 im besten Abendlicht die Saalebrücke in Gemünden überquerte.

Die Weinberge bei Karlstadt in Richtung Gemünden bieten einige sehenswerte Ausblicke auf die Strecke.

Ein Kesselwagenzug der SBB Cargo durcheilt das Maintal bei Karlstadt in Richtung Würzburg.

Die Stadler Euro 92 87 0004 führte bei den anwesenden französischen Eisenbahnfreunden auf der Brücke bei Gambach zu großer Begeisterung.

Dieselbe Fotostelle, dieselbe Uhrzeit wie auf Seite 68-69, aber in die Gegenrichtung: Der Blick zeigt die Zusammenführung der beiden Hauptstrecken aus Frankfurt und aus Fulda, hier mit einem Kesselzug aus westlicher Richtung umgesetzt. Die 3. Strecke ist die Nebenbahn aus dem Saaletal.

AM LINKEN UFER DURCHS RHEINTAL

VON BINGEN NACH KOBLENZ

Die einzigartige Kombination aus Flusstal, Steilhängen, Burgen und malerischen Städtchen mit Kirchen und Fachwerkhäusern weckt Romantik bei jedem Durchreisenden. Nicht umsonst gehört das Rheintal bei fast jedem ausländischen Besucher neben den Schlössern in Heidelberg und Neuschwanstein sowie dem Münchner Hofbräuhaus zu den »must have seen« Orten.

Geschichte
Die Strecke wurde 1859 in Betrieb genommen. In Bingen gelang damit der Anschluss an die Hessischen Ludwigsbahnen und in Koblenz an die Rheinischen Eisenbahnen. Nachdem die Strecke zunächst eingleisig ausgeführt wurde, folgte sehr schnell (bis 1861) der zweigleisige Ausbau. 1958 wurde die Elektrifizierung fertiggestellt. Legendäre Schnell- und Luxuszüge befuhren die Strecke, der bekannteste war sicher der »Rheingold«.

Betrieb
Die Eröffnung der Schnellfahrstrecke Köln – Frankfurt brachte den Fernreiseverkehr im Rheintal nicht zum Erliegen. Nach wie vor verkehren mindestens stündlich IC- und EC-Züge, neben dem ohnehin selbstverständlichen Nahverkehr und zahlreichen ICEs. Die Fernzüge fahren linksrheinisch, während rechtsrheinisch die Trasse für die Güterzüge ist.

Foto links: Blick von der Stadtmauer in Oberwesel: Die Anzahl der eingesetzten Werbeloks, vor allem der privaten Bahnunternehmen, bereichern die Fotoausbeute. Die HSL-Lok harmoniert perfekt mit den Herbstfarben der Weinberge im November 2020.

Streckenbeschreibung
Spricht man in aller Welt mit Reisenden, die bereits einmal Deutschland besucht haben und fragt nach dem sehenswertesten Teil, so wird immer wieder der Abschnitt Bingen – Koblenz des Rheintals genannt. Nirgendwo sonst auf dem weiten Weg von der Quelle in den Schweizer Alpen bis zur Mündung in den Niederlanden sind Fluss, Ortschaften und Verkehrswege so eng in das felsige Tal gepresst wie hier. Die großartige Landschaft wird ergänzt durch eine Kulisse mit mittelalterlichen Bauwerken – alte Stadtbilder, Kirchen, Burgen und Schlösser in einer Dichte, wie sie sonst wohl kaum zu finden ist. Nicht umsonst zählt dieser Abschnitt zum »UNESCO-Welterbe«.

Es beginnt bei Bingen mit dem Mäuseturm mitten im Rhein. Er gibt dem Ganzen einen Hauch von Caspar David Friedrich: Passiert der Reisende diese Stelle an einem frühen Morgen, wenn die ersten Sonnenstrahlen die Nebelschwaden durchbrechen, fühlt er sich in ein surrealistisches Bild versetzt …

Jetzt folgen die bekannten Weinorte wie an einer Perlenschnur: Trechtingshausen, Bacharach mit seinen mittelalterlichen Wehranlagen, wenige Kilometer weiter liegt die Pfalz bei Kaub, eine Wehrburg mitten im Fluss. Kurz danach bietet das Städtchen Oberwesel die wohl schönsten Motive, ob mit oder auf der Stadtmauer oder von den umgebenden Weinbergen hinabblickend.

Immer wieder weilt der Blick des Beobachters auf dem jeweils gegenüberliegenden Ufer, auf dem ein Güterzug nach dem anderen verkehrt. Der Begriff »Blockabstand« wird hier erkennbar, die Züge scheinen teilweise schon im Sichtabstand zu fahren.

Zu den Klassikern der Rheinstrecke gehört die Ausfahrt Oberwesel, vorbei an Burg Schöneck und einem der Türme der gut erhaltenen Stadtmauer.

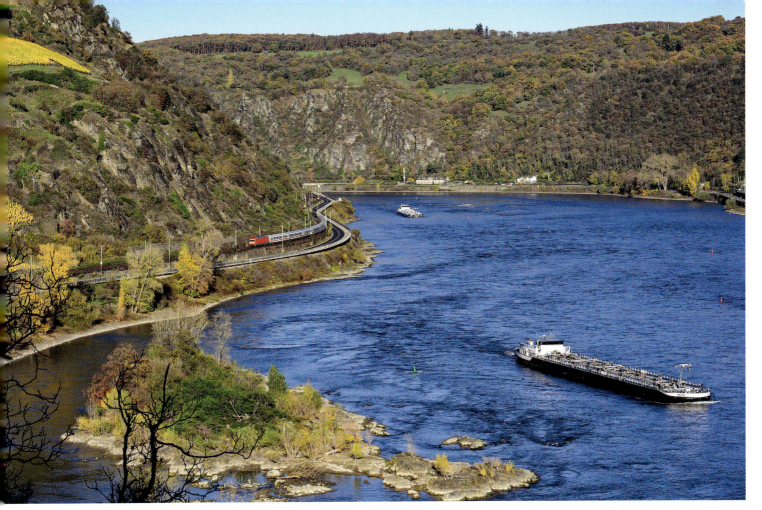

Einen guten Blick auf halber Höhe bieten die Wege in die Weinberge von Oberwesel ausgehend. Im Juni 2020 rollt ein IC südwärts.

Auch wenn die Sonne im Rheintal früh untergeht, es gibt Ausnahmen aufgrund der vielen Kurven. Manchmal ist der Sun-Downer genauso im Knick des Tales, dass das letzte Licht noch verwendbar ist. Im November (und vermutlich im Januar) funktioniert das fast perfekt kurz vor St. Goar.

Die Stadtmauer in Oberwesel ist nicht nur Motiv, sondern gleichzeitig auch ein guter Fotostandpunkt. Mit der drehenden Sonne im Rücken lassen sich hier von Vor- bis zum Nachmittag zunächst die südwärts und später die nordwärts fahrenden Züge, wie hier ein BLS-bespannter Güterzug, ablichten.

Foto auf den Seiten 76/77:
... und von oben aus den Weinbergen. Hier lässt sich das Gesamtpanorama inkl. der Pfalz bei Kaub und einem nordwärts fahrenden ICE einfangen.

Oberwesel, die 4. ... und es wird nicht langweilig: Auch von der Stadtmauer MIT der Stadtmauer geht, dank begehbarer Türme.

Auch wenn auf der linken Seite weniger Güterzüge als rechtsrheinisch verkehren, im Vergleich zu anderen Strecken sind es immer noch etliche, wie hier der mit der Railpool Bombardier Traxx 186 457 bespannte nordwärts fahrend Containerzug bei St. Goar.

Die Karte zeigt die links- und rechtsrheinische Strecke

AM RECHTEN UFER DURCHS RHEINTAL

VON RÜDESHEIM NACH LAHNSTEIN

Auch wenn der Fluss in der Mitte derselbe ist, unterscheiden sich beide Ufer deutlich voneinander. Rechtsrheinisch sind einige Felsen steiler, am bekanntesten ist der Loreleyfels. Auch ist das andere Ufer von der rechten Seite schwieriger zu sehen und somit für Eisenbahnfreunde zu fotografieren, weil die Bahngleise meistens etwas entfernter sind, während die rechtsrheinische Strecke oft direkt am Ufer verläuft.

Geschichte
1858 wurde vom zuständigen Kleinstaat Nassau ein Gesetz zum Bau einer Bahnstrecke verabschiedet. Rüdesheim war 1861 von Wiesbaden kommend angeschlossen worden. Zwischen Rüdesheim und Oberlahnstein gingen die Strecke 1862 sowie die Verlängerung bis Niederlahnstein 1864 in Betrieb. Die Koblenzer Rheinbrücke als Verbindung zur linksrheinischen Strecke wurde am 3. Juni 1864 eröffnet. Zwischen Bingen und Rüdesheim existierte etliche Jahrzehnte eine Fährverbindung mit dem Transport von Bahnwaggons.

Betrieb
Anders als linksrheinisch verkehren auf dem rechten Ufer keine regulären Fernzüge. Der Verkehr besteht also aus Regionalbahnen und Regionalexpressverbindungen sowie dem größeren Teil der Güterzüge.

Streckenbeschreibung
Die Luft ist kühl und es dunkelt, / Und ruhig fließt der Rhein; / Der Gipfel des Berges funkelt / Im Abendsonnenschein.
(Loreley-Lied, Heinrich Heine)

2008 bestanden die Regionalbahnen nicht aus den heute allgegenwärtigen Elektrotriebwagen. Die RB in Richtung Oberlahnstein passiert den Fotografen an einem frostigen Märzmorgen bei Kestert.

Auch wenn die Verkehrsdichte zu Heines Zeit deutlich geringer war als heute, die beschriebene Stimmung stellt sich oft noch an heutigen Tagen ein. Der besungene Fels mit Tunnel ist der markanteste Teil, und auch von oben bringt der Blick ins Tal in beide Richtungen herrliche Aussichten auf den Fluss und beide Strecken. Eigentlich ist jede der zahlreichen Burgen einen ausgiebigen Besuch wert. Neben Architektur und Geschichte eröffnen sich immer wieder neue, faszinierende Ausblicke auf das Rheintal.

Die Strecke verläuft häufig direkt am Fluss, nur getrennt durch die Bundesstraße. Die Ortschaften rechtsrheinisch sind etwas kleiner und übersichtlicher und auch etwas weitflächiger verteilt.

Dieselloks sind im Rheintal eher selten zu sehen. Am ehestens führen die Maschinen durchgehende Züge aus den Niederlanden in Richtung Schweiz und Italien, wie hier bei einem Containerzug mit der Class 66 in Richtung Rüdesheim.

Die DE 6301, eine Class 66 der CrossRail, passiert den Fotografen nahe dem Loreleyfelsen in Richtung Süden.

Burgen und Schlösser schmücken die Höhen des Rheintals, wie hier Burg Gutenfels.

Kurz vor dem Loreleytunnel, in Richtung Norden, verkehrt im September 2012 ein Güterzug in den letzten Sonnenstrahlen vor dem im Rheintal leider meist frühzeitigen Sonnenuntergang.

Wenige Hundert Meter weiter, das nächste Topmotiv: Die Pfalz in der Rheinmitte fungiert als Vordergrund.

Das Reiterstellwerk in Oberlahnstein eröffnet den rechtsrheinischen Abschnitt ins Mittelrheintal Richtung Rüdesheim.

Vom Dreiburgenblick bieten sich weitere, neue Ausblicke auf die Strecke, hier ein Zug in Richtung Norden, mitten im Bild steht die Burg Katz.

Im November verzieht sich selbst bei gutem Wetter erst um die Mittagszeit der Nebel über dem Flusstal. Hier erreichen um ca. zwölf Uhr die ersten Sonnenstrahlen des Tages den Güterzug in Richtung Süden gegenüber von Oberwesel und die Frachtkonkurrenz in Richtung Norden auf dem Fluss.

Ein weiterer Top-Aussichtpunkt ist nachmittags von der linken Rheinseite oberhalb von Bacharach mit Blick auf das rechtsrheinische Lorchhausen und einen Nahverkehrszug.

Am späteren Nachmittag liegt – vom linksrheinischen Ufer aus gesehen – das Licht optimal auf dem Städtchen Kaub und der Burg Gutenfels, inklusive des dankenswerterweise auf einem Damm verlaufenden Bahnverkehrs.

ENTLANG DER MOSEL
VON KOBLENZ NACH PÜNDERICH

Das Moseltal wird heute nur noch im unteren Teil ab Pünderich von der Bahn erschlossen. Die früher ab Bullay Richtung Trier weiter parallel zum Fluss verlaufende über 100 km lange Strecke der Moselbahn AG ist seit 1962 stillgelegt. Die Strecke der Deutschen Bahn verabschiedet sich nach Pünderich von der Mosel und wechselt in die Voreifel.

Geschichte
Die Bahnstrecke von Koblenz nach Trier wurde von 1874 bis 1879 erbaut. Auch hier stand das Militär Pate: Ziel war eine strategischen »Kanonenbahn« von Berlin nach Metz. Bereits in den 1950er Jahren war eine Elektrifizierung mit dem französischen Industriestromsystem (25 kV, 50 Hz) geplant. Nach der Eingliederung des Saarlands entschied man sich jedoch dagegen. So kam die Strecke erst 1973 unter Draht. Die Strecke ist durchgehend zweigleisig.

Betrieb
Das Moseltal zwischen Trier und Koblenz sieht im Rahmen des Rheinland-Pfalz-Stundentaktes regelmäßigen Verkehr von Regionalexpress und Regionalbahnzügen. Die Regionalexpresszüge werden meistens in Trier geteilt und fahren getrennt von dort nach Mannheim bzw. nach Luxemburg weiter.

Foto links: Die Doppelbrücke in Bullay zeigt sich im schönsten Fotolicht. Vormittags vom Bullayer Ufer aus den Weinbergen liegt der bessere Fotostandpunkt für den Rest des Jahres (s. Bild S. 88/89), hier mal wieder für einen Erz-Leerzug.

Intercity-Züge oder ICEs verkehren seit einigen Jahren nicht mehr, so dass die Region vom Fernverkehrsnetz abgehängt ist. Im Güterverkehr ins Saarland und nach Frankreich spielt die Strecke eine wichtige Rolle, entsprechend stark ist das Güteraufkommen. Bei Sperrung der Rhein- oder der Pfalzstrecke verkehren auch nicht selten Umleiter.

Streckenbeschreibung
Nach der Ausfahrt aus dem Koblenzer Hauptbahnhof wird auf der Gülser Eisenbahnbrücke nach nur drei Kilometern erstmalig die Mosel überquert. Für die nächsten 55 Kilometer verläuft die Strecke dann auf der linken Seite des Flusses. Bereits bei Winningen erreicht die Strecke das Ufer die Mosel, ihm folgt sie jetzt einige Kilometer, auf der anderen Seite liegen die ersten Steillagen mit köstlichem Moselwein. Kobern, Kattenes, Löf und Hatzenport heißen die nächsten Bahnhöfe, bei Weinkennern setzt bei den Namensnennungen ein Effekt ein, den ein gewisser Pawloff seinerzeit bei Experimenten mit Hunden – wenn auch in gänzlich anderem Zusammenhang – dokumentiert hat.
Jedes neue Städtchen bietet ein anderes Bild, doch eine gewisse Ähnlichkeit zeigt die fachwerkselige Vertrautheit beim Blick aus dem Fenster. Schon beim Annähern an Cochem nimmt die gewaltige Reichsburg den Blick gefangen. Hoch ragt sie über dem Moseltal auf. Cochem ist das Mittelzentrum der Region, ein idyllisches Städtchen, im Herbst voll mit weinseligen Touristen aus ganz Deutschland und den angrenzenden Nachbarländern. Direkt hinter Cochem wird der Cochemer Krampen in einem Tunnel unterquert und damit eine der großen Moselschleifen abgekürzt. Der Kaiser-Wilhelm-Tunnel nach Ediger-Eller war

Wenige Kilometer hinter Koblenz spiegelt sich 2007 ein damals noch lokbespannter Regionalexpress nach Trier in der Mosel.

Foto rechts: Die Erz- und Kohlezüge zu den Stahlwerken in der Saar-Lor-Lux-Region sind regelmäßiger Gast auf der Moselstrecke, hier bei Treis-Karden.

Foto unten: 2013 waren hier schon Triebwagen im Einsatz, hier bei Ediger-Eller auf einer der wenigen Moselbrücken.

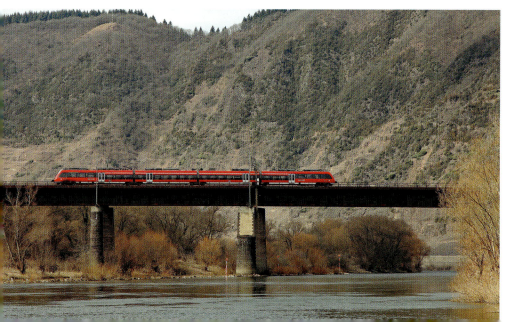

Foto auf den Seiten 88/89: Die Doppelbrücke (unten Straße, oben Bahn), weniger Kilometer weiter in Bullay lässt sich im Sommer am späten Abend vom Hang oberhalb des Ort ins Bild setzen. Hier überquert die RE-Kombination der Züge nach Luxemburg und Mannheim die Brücke.

mit 4.205 m Länge lange Jahre der längste Eisenbahntunnel in Deutschland.

Kurz nach dem Austritt aus dem Tunnel bei Eller überquert die Strecke auf einer 281 Meter langen, stählernen Brücke die Mosel. In Bullay wird der Fluss erneut gekreuzt. Seit 1887 verkehren auf der unteren Etage, gleichsam im Gitterbauwerk der Doppelstockbrücke die Autos, während oben die Züge rollen. Unmittelbar nach der Bullayer Brücke tritt die Strecke in den nächsten Tunnel unter dem Prinzenkopf ein, der 458 m lang ist. Direkt an den Tunnelausgang schließt sich bei Pünderich der längste Hangviadukt einer Eisenbahnstrecke in Deutschland mit einer Gesamtlänge von 786 Meter an. Er hat 92 Öffnungen mit jeweils 7,2 Meter lichter Weite. Direkt an seinem Ende zweigt die Stichbahn nach Traben-Trarbach ab. Die Moselstrecke verlässt nach einem weiteren Tunnel das Moseltal, das sie erst bei Trier wieder treffen wird.

Der Triebwagen der Baureihe 442 erreicht als Regionalbahn in wenigen Minuten das Mittelzentrum Cochem.

Das Pündericher Hangviadukt ist – nur wenige Dutzend Kilometer vom Wohnort des Verfassers entfernt – mittlerweile die »Stamm-Fotostelle«, hier im Februar 2018 mit einem Richtung Trier fahrenden Containerzug.

Foto unten: Nochmals das Hangviadukt, jetzt im Frühling zur Zeit der Baumblüte. Dazu passt der bunte Containerzug in Richtung Trier mitsamt der Spiegelung in der ungewöhnlich ruhigen Mosel. Umso mehr war auf den Schienen los. Die Sperrung der rechten Rheinstrecke durch den Hangrutsch brachte in den Tagen im April 2021 zahlreiche Umleiterzüge auf die Strecke.

PER ÜBERLANDSTRASSENBAHN DURCHS MURGTAL

VON RASTATT NACH FREUDENSTADT

Im Grunde genommen ist es eine ehemalige Nebenbahn der DB im Schwarzwald, die einst einstellungsbedroht war, aber heute aufgrund ihrer Betriebsdichte und Landschaft die Reisenden begeistert: von der Rheinschiene durch das Murgtal nach Freudenstadt.

Geschichte

Unter anderem für den Abtransport des verarbeiteten Holzes gab es früh Planungen für eine Bahn in dem engen, schwer zu erschließenden Tal. So entstand das Bedürfnis nach einer leistungsfähigen Verkehrsanbindung. Die Badischen Staatseisenbahnen winkten ab, sie waren zunächst am Bau der lukrativeren Hauptstrecken interessiert. Daher wurde im Jahr 1867 auf Betreiben eines einheimischen Holzindustriellen die private Murgthal-Eisenbahn-Gesellschaft gegründet. Der Bau begann am 19. August 1868, bereits neun Monate später wurde am 31. Mai 1869 die 15 Kilometer lange Strecke eröffnet.

Am 1. Mai 1894 konnte die Strecke von Gernsbach nach Weisenbach verlängert werden. Allein der sechs Kilometer lange Abschnitt von Weisenbach bis Forbach erforderte den Bau von sieben Tunneln, drei großen Brücken und erhebliche Erdarbeiten. Am 14. Juni 1910 konnte der Abschnitt Weisenbach – Forbach in Betrieb genommen werden, am 4. Mai 1915 folgte die Teilstrecke bis Raumünzach.

Nach der Gründung der Deutschen Reichsbahn 1920 konnte das noch fehlende Zwischenstück Raumünzach – Klosterreichenbach am 13. Juli 1928 eröffnet werden. Mit dem Vorrücken der Front gegen Ende des Zweiten Weltkrieges und dem Rückzug der

Die als S-Bahn beschilderte Straßenbahn erreicht in wenigen Kilometer die Murgtal-Schlucht, von da an geht's bergab.

deutschen Truppen verursachten ab September 1944 Bomberangriffe große Schäden. Nach Kriegsende dauerte es über fünf Jahre, bis die Züge die Murgtalbahn wieder durchgehend befahren konnten.

In den 1990er Jahren wurde die Bahn auf Stadtbahnbetrieb umgestellt, die Albtal-Verkehrs-Gesellschaft (AVG) bekam den Betriebsauftrag und übernahm den Verkehr ab dem Jahr 2002. Dazu wurden die Gleise mit 15 kV/ 16,7 Hz Wechselspannung

Parade der Nahverkehrszüge im Bahnhof Freudenstadt: Links zwei Triebwagen für die Kinzigtalbahn nach Hausach und rechts ein Zweisystem-Triebwagen der AVG nach Karlsruhe, der rechte verkehrt als ein Schnellzug.

elektrifiziert, teilweise zweigleisig ausgebaut und 14 neue Haltepunkte geschaffen.

Betrieb

Die Stadtbahn-Eilzüge zwischen Rastatt und Freudenstadt benötigen nur noch eine Fahrzeit von 67 Minuten. So konnten die täglichen Fahrgastzahlen von 2.700 Fahrgästen zu Bundesbahnzeiten auf 13.000 Fahrgäste im Jahr 2009 gesteigert werden. Die Stadtbahnzüge verkehren teilweise direkt bis in die Karlsruher Innenstadt. Die eingesetzten Zweisystemstadtbahnwagen (Typ GT8-100C/2S und GT8-100D/2S-M) können sowohl auf den Stadtbahnstrecken in Karlsruhe, als auch auf den auch auf DB-Strecken verkehren. Gefahren wird mindestens im Stundentakt. Den Güterverkehr, überwiegend von Rastatt nach Karlsruhe führt die AVG mit Diesellokomotiven durch.

Streckenbeschreibung

Die Murgtalbahn verläuft durch ein tiefes Schwarzwaldtal. Zwischen dem Flüsschen Murg und den Felswänden bleibt kaum Raum für die Gleise. Die Strecke zweigt in Rastatt von der Rheintalbahn ab. Ab Kuppenheim verlässt sie die Rheinebene und folgt nun dem Murgtal. Schließlich wird der Bahnhof Gernsbach erreicht. In Weisenbach beginnt der reizvollste Abschnitt. Bis Schönmünzach verengt sich das Murgtal zu einer Schlucht. Südlich von Weisenbach wird die Murg auf einer 76 m langen Stahlfachwerkbrücke überquert. Hinter Au folgt eine weitere 127 Meter lange Steinbrücke mit einem stählernen Mittelteil. Eine dritte sehenswerte, 183 m lange und 27 m hohe Steinbrücke über die Tennetschlucht folgt kurz vor Gausbach. Von Weisenbach bis Forbach wird ein Höhenunterschied von 123 Metern überwunden, eine Steigung von 20‰.

Der letzte Abschnitt der Murgtalbahn führt von Baiersbronn nach Freudenstadt. Dieser Abschnitt hat eine Maximalsteigung von 50‰ und wurde ursprünglich als Zahnradstrecke gebaut. Schon 1926 wurde jedoch auf Reibungsbetrieb umgestellt.

Hier begann alles: Das Schenkenzeller Viadukt war der erste Fotopunkt des Verfassers in seiner »Karriere« Ende 1970 bei den letzten P-8-Einsätzen – leider nicht mit solchem Ergebnis. Dazwischen liegen einige Jahrzehnte Lernerfolge.

DAS OBERE ELBTAL UND DIE SÄCHSISCHE SCHWEIZ

VON DRESDEN NACH BAD SCHANDAU

Die Strecke zwischen Dresden und der tschechischen Staatsgrenze im Tal der Elbe führt vorbei an einer beeindruckenden Landschaft aus Felsen, Bergen, Burgen durch ein malerisches Flusstal.

Geschichte

Bereits in der Konzession zum Bau der Strecke Leipzig – Dresden im Mai 1835 wurde eine Verlängerung bis zur »sächsisch-böhmischen Grenze« genehmigt. Im Mai 1840 begannen die Vermessungsarbeiten, die Trasse durch das Elbtal wurde 1842 genehmigt. Eine Vorgabe war beim Bau »drei Fuß österreichisches Maß« über dem Pegel des bislang höchsten Hochwassers vom März 1845 zu bleiben, was allerdings bei dem Jahrhunderthochwasser von 2002 auch nicht mehr reichte: Der tiefer gelegene Teil des Dresdener Hauptbahnhofs stand damals mehrere Meter unter Wasser, der Verkehr war nur noch über die Hochgleise möglich.

Am 31. Juli 1848 wurde der Abschnitt Pirna – Dresden eröffnet und ab dem 1. August 1848 verkehrten täglich bereits vier Zugpaare. Auf der Gesamtstrecke Dresden – Decin (damals Tetschen-Bodenbach) fuhren erstmals am 6. April 1851 Züge.

Foto links: Dresden ist eine typische Bahnstadt, ein Highlight ist die nach dem Muster der Wuppertaler Schwebebahn konstruierte Bergbahn zur »Schönen Aussicht«.

Bereits zuvor am 9. Mai 1850 war Königstein und am 9. Juni 1850 Krippen erreicht. Bald mussten die Strecken im Stadtbereich von Dresden und bis Pirna aufgrund des starken Verkehrsaufkommens weiter ausgebaut werden.

Betrieb

Das obere Elbtal ist eine der am dichtest befahrenen Strecke Deutschlands. Neben den ECs von und nach Prag und dem sehr häufig verkehrenden Nahverkehr wird ein Großteil des Güterverkehrs mit dem Nachbarland Tschechien über diese Bahnlinie abgewickelt.

Streckenbeschreibung

Zunächst verläuft die Strecke durch das Stadtgebiet Dresdens. In Pirna wird nach Durchquerung des sehenswerten Städtchens die Elbe erreicht. Ab Pirna folgt die Bahn zunächst dem Fluss. Jede Biegung wird von der Bahn ebenfalls ausgefahren. Immer wieder eröffnen sich neue Ausblicke auf das Elbtal, das sich hier tief in die Hochebene eingeschnitten hat. Die Hänge sind überwiegend dicht bewaldet und leider für Fotopunkte nur schwierig erreichbar.

Als nächstes wird die Stadt Wehlen durchfahren. Diese durch die Elbe in zwei Teile zerschnittene Ortschaft dürfte ziemlich einzigartig sein, gibt es doch hier tatsächlich nur eine Fähre zur Verbindung der Stadtteile.

Dresden ist auch die »Perle an der Elbe«, es gibt weit mehr zu sehen als Bahnen. Das Elbufer mit Residenzschloss, Hofkirche und Hausmannsturm ist vor allem nachts ein fast einzigartiges Ensemble.

Der in einer Kurve gelegene Bahnhof Rathen, mit der Bastei im Hintergrund: gerade passiert ein Regional-Express nach Bad Schandau.

Vor dem Kurort Rathen wird das Tal wieder etwas weiter, breite Wiesen liegen jetzt zwischen Fluss und Bahn – und es folgt die nächste Biegung der Elbe. Eindrucksvoller Hintergrund für Eisenbahnfotos ist hier die Bastei, die bekannteste Felsformation der Sächsischen Schweiz. Die alle paar Sekunden wechselnde Ausblicke aus dem Fenster auf Fluss, Wiesen, Ortschaft und schroffe Felsen faszinieren wohl jeden Zugpassagier. Hier sind auch zwei ausgezeichnete Fotomöglichkeiten auf das Tal und die Strecke gegeben. Zum einen bietet die erwähnte Bastei selbst einen guten Blick auf die Strecke, zum anderen ist dies auch von der Festung Königstein gegeben. Beide Vergnügungen sind leider kostenpflichtig, aber der Aufwand lohnt sich.

Anschließend zeigt sich der nächste Aussichtspunkt – Lilienstein – über den Wiesen, Fluss und Wäldern. Durch Königstein verläuft die Bahn auf einem gemauerten Viadukt zur Sicherheit gegen Hochwasser. Dieser ist gut vom gegenüber liegenden Ufer zu fotografieren, mit viel Glück sogar mit einem der alten Schaufelraddampfer auf dem Fluss. Hinter dem Städtchen ist dann die Umrundung des Liliensteins um 270° beendet.

Eine eindrucksvolle, frisch renovierte Bahnbrücke ermöglicht der Strecke von Sebnitz die Querung der Elbe und kündigt das Erreichen des Bahnhofs von Bad Schandau an. Dieser liegt, isoliert vom Ort selbst, auf der linken Elbseite, über die Elbe hinweg eröffnet sich ein Blick auf das hübsche Städtchen, das einen Besuch wert ist. Neben der elektrischen Kirnitzschtalbahn – einer klassischen Überlandtram – ist auch ein 1905 gebauter Personenaufzug in den Ortsteil Ostrau sehenswert. Etliche Szenen des Films »Grand Budapest Hotel« wurden hier gedreht.

Foto auf den Seiten 98/99: Die auf einem Hochwasserschutz-Damm ausgeführte Strecke durch Königstein sichert den Bahnbetrieb bei allen Wetterlagen. Wenn sich dann noch Ruderer, Dampfschiff und Güterzug treffen, freut es den Fotografen.

Die Festung Königstein bietet einen eindrucksvollen Blick ins Elbtal, und so natürlich auch auf die Bahnstrecke.

Gerade hat der EC aus Prag die deutsche Grenze passiert, in wenigen Minuten ist der erste deutsche Bahnhof in Bad Schandau erreicht.

Auch die Ortsdurchfahrt in Stadt Wehlen bietet mit den eindrucksvollen Felsformationen als Hintergrund außergewöhnliche Motive, hier für einen Kesselzug auf seiner Fahrt in Richtung Dresden.

Wenn die Bastei einen guten Fotohintergrund für Züge abgibt, muss man von dort doch eigentlich auch ... in der Tat, funktioniert!

Ab und an muss der EC nach Prag eine weitere Lok mit rücküberführen, für die steigungsarme Strecke wäre eine Doppeltraktion überflüssig.

Das Bw Dresden-Altstadt war schon zu DDR-Dampflokzeiten ein Hingucker. Konnte der Fan doch von einer Straßenbrücke aus fast uneingeschränkt die Abläufe auf der Drehscheibe beobachten. Auch heute gelingt das bei den jährlichen Dampflokfesten immer noch. Den Eintritt zu dem Ereignis sollte man dennoch nicht sparen, nicht nur weil sich dadurch weitere mögliche Motive eröffnen. Hier die CSD-Gastlok 477 043, auch der »Papagei« genannt.

Die Schmalspurbahn Radebeul - Radeburg gehört strenggenommen nicht zum Elbtal, bietet sich aber für einen Ausflug an. Bei der Station »Weißes Roß« wird die Straßenbahn gekreuzt, anschließend geht es ab in die Weinberge.

Das gilt auch für die Kirnitzschtalbahn von Bad Schandau an den Wasserfall Lichtenhain. Die Überlandstraßenbahn ist allerdings sehenswerter als der Wasserfall, der nur zeitweise »angestellt« wird. Ca. 23 von 24 Stunden am Tag muss das Wasser Strom produzieren.

DIE OBERWEISSBACHER BERGBAHN

VON OBSTFELDERSCHMIEDE NACH LICHTENHAIN UND CURSDORF

Das System der Oberweißbacher Bergbahn besteht aus zwei Teilen: der denkmalgeschützten 1,4 km lange Standseilbahn von Obstfelderschmiede an der Schwarzachtalbahn nach Lichtenhain, der steilsten Standseilbahn zum Transport normalspuriger Eisenbahnwagen, sowie der Gleichstromstrecke auf dem Bergrücken von Lichtenhain nach Cursdorf.

Geschichte

Ab 1918 gab es erste Pläne für eine Bergbahn mit einer anschließenden elektrifizierten Flachstrecke auf dem Bergrücken zur Anbindung weiterer Ortschaften. Im September 1919 begannen die Bauarbeiten und am 15. Februar 1922 wurde die Bergbahn für den Güterverkehr eröffnet. Ein Jahr später, am 15. Februar 1923, wurde die Bahn feierlich eingeweiht. Im März 1949 ging die Bergbahn in den Besitz der Deutschen Reichsbahn über. Die 2,6 km lange Flachstrecke wurde für die Versorgung der Dörfer auf dem Bergrücken gebaut. Alle Bahnhöfe waren daher mit Personal besetzt und per Telefon miteinander verbunden, es gab Ausweich- und Anschlussstellen. Mittlerweile wurde die Infrastruktur fast vollständig zurückgebaut.

Die Oberleitung war ursprünglich einfachster Bauart und erinnerte an eine Überlandstraßenbahn: An geschlagene Fichten wurden Ausleger montiert und diese dann aufgestellt. Im Spätsommer 1979 folgte die Neu-Elektrifizierung der Flachstrecke. Dazu wurden an zwei Tagen mithilfe von Hubschraubern 72 Betonmasten gesetzt. Mit der Übernahme der DR durch die

Der Triebwagen 479 203 war im April 2021 wegen der geltenden Reisebeschränkungen nicht gerade ausgelastet. In wenigen Minuten erreicht er sein Ziel Cursdorf.

Deutsche Bahn AG wechselte auch dieser Betrieb den Eigentümer, der damit auch eine Nebenstrecke mit Gleichstrom-Elektrifizierung sein Eigen nennen durfte.

Betrieb

Die 1,35 km lange Standseilbahn mit der Spurweite von 1.800 mm wird alternierend im halbstündlichen Wechsel mit

Der Beiwagen auf dem Transportschemel ist ein ungewöhnlicher Anblick, aber auf diese Weise können auch Güterwagen befördert werden. Der Ausblick ist grandios.

zwei Fahrzeugen betrieben, einem Personenwagen und einer Güterbühne, auf der verschiedenen Waggons mit Normalspurweite geladen werden können. Früher wurden hier Güterwaggons transportiert. Im Winterhalbjahr wird ein Beiwagen der Kleinbahn Schleiz – Saalburg mit der Nummer EB 188 513 eingesetzt, im Sommer bei gutem Wetter der sog. »Cabrio-Wagen«, ein umgebauter Bauzugwaggon.

Die Strecke Lichtenhain – Cursdorf ist heute ausgeführt als eine eingleisige Stecke ohne Weichen, Ausweich- oder Anschlussstellen. Die Betriebsspannung beträgt seit 1982 600 V Gleichstrom. Auf der Flachstrecke verkehren drei Triebwagen (Baureihe ET 479), die 1982 vom RAW Schöneweide aus Teilen von Berliner S-Bahnwaggons eigens für diese Strecke gebaut wurden. Einer der Triebwagen (205) ist durch einen Umbau (u.a. Glasdach) nur in Verbindung mit einem zweiten Triebwagen einsetzbar, da er nur noch einen Führerstand hat. Er wird nur im Sommer eingesetzt.

Streckenbeschreibung

Die Bergstrecke geht in einer geraden Linie steil bergauf, es gibt eine Ausweiche zum Kreuzen. Die Fahrzeit beträgt 18 Minuten. Dabei wird bei 25 % Steigung ein Höhenunterschied von 323 m überwunden. Von der Bergstation hat man einen guten Blick auf die gesamte Strecke.

Die Flachstrecke führt abwechselnd über Wiesen und Ackerland, mit guter Aussicht in die Ferne und durch Wälder. Es gibt heute nur noch einen einzigen Zwischenhalt in Oberweißbach-Deesbach.

Die Anbindung des Bahnhofs in Oberweißbach über eine Drehscheibe ist eine interessante Lösung und den engen Platzverhältnissen geschuldet.

Der klassische Personenwaggon auf der Strecke ist der erwartete Anblick. Durch die Spurweite von 1.800 mm hat er ein großzügiges Platzangebot.

Die Oberweißbacher Bergbahn | 107

MIT DEM MOLLI ENTLANG DER STEILKÜSTE

VON DER BAD DOBERAN NACH KÜHLUNGSBORN

Eine Bäderbahn verbindet den Bahnhof des Städtchens Bad Doberan an der Strecke Wismar – Rostock mit dem Ostseebad Kühlungsborn. In der Mitte der Strecke liegt der mondäne Ferienort Heiligendamm – seit 1793 Deutschlands erstes Seebad –, der nicht zuletzt durch eine große Konferenz und damit einhergehende Demonstrationen international bekannt wurde.

Geschichte

Das erste Teilstück der Strecke mit einer Spurweite von 900 mm ging am 9. Juli 1886 in Betrieb. Der Verkehr auf der 6,61 Kilometer langen Doberan-Heiligendammer-Eisenbahn DHE wurde anfangs als Dampfstraßenbahn betrieben und fand zunächst nur während der Sommersaison statt. Das Großherzogtum Mecklenburg-Schwerin verstaatlichte 1890 die Bahngesellschaft, die nun zur Großherzoglichen Friedrich-Franz-Eisenbahn gehörte. Am 18. Dezember 1908 beschloss man, die Bahn bis in die Ostseebäder Brunshaupten und Arendsee zu verlängern, die 1937 zusammen mit der Ortschaft Fulgen zur Gemeinde Brunshaupten-Arendsee (ab 1938: Kühlungsborn) vereinigt wurden. Am 12. Mai 1910 wurde der Betrieb aufgenommen. Die Bahn verkehrte nun ganzjährig. Der Güterverkehr wurde am 31. Mai 1969 eingestellt. Mit Gründung der Deutschen Reichsbahn 1920 führte diese den Betrieb des Mollis.

Am 1. Oktober 1995 übernahm eine Betreibergesellschaft (heute Mecklenburgische Bäderbahn Molli GmbH), bestehend aus dem Landkreis Bad Doberan sowie den Städten Ostseebad Kühlungsborn und Bad Doberan, die Strecke von der Deutschen Bahn AG.

Betrieb

Normalerweise sind auf der ungewöhnlichen 900-mm-Strecke zwei Züge im Einsatz, die in Heiligendamm kreuzen. Die Fahrzeit beträgt ca. 40 Minuten. Im Einsatz sind die fünf betriebsfähigen Dampfloks der Baureihe 99.23, darunter die Neubaulok 99 2324 aus dem Jahr 2009. Im Sommerhalbjahr verkehren täglich etwa doppelt so viele Züge wie im Winterhalbjahr.

Streckenbeschreibung

Die Strecke beginnt am außerhalb gelegenen Bahnhof der Bahnlinie von Wismar nach Rostock und erreicht nach wenigen Minuten die Innenstadt von Bad Doberan. Diese durchfahren die Züge in einer engen Geschäftsstraße mit unüberhörbarem Einsatz des Läutewerks, nicht nur zu DDR-Zeiten mit den Trabis ein willkommenes Motiv, sondern auch heute noch. Allerdings muss man schon im Sommer in den frühesten Stunden hier

Foto links: Durch ein Waldstück geht es auf den letzten paar Hundert Metern aus Kühlungsborn kommend in Richtung Heiligendamm.

Die Ortsdurchfahrt durch Bad Doberan ist verkehrs- wie sonnenstandbedingt am besten in den frühen Morgenstunden zu fotografieren.

Wie die Bahn zu ihrem Namen kam

Mehrere Geschichten ranken sich um den Namen. Als wahrscheinlichste gilt folgende Anekdote: Eine ältere Dame ging mit Ihrem Hündchen in Bad Doberan spazieren, als plötzlich der Achtungspfiff einer Lokomotive ertönte. »Molli, Molli« rief sie laut und wollte Ihren Hund vor dem herannahenden Zug warnen. Passanten wurden aufmerksam, alle drehten sich nach dem Ruf der Dame zum Ort des Geschehens um. Unter den Einwohnern machte sich dann schnell der Begriff »Molli« breit, wenn man den Zug sah. An den Hund dachte niemand mehr.

Aber das ist schon lange her. Die in den letzten Jahrzehnten erschienenen Veröffentlichungen sorgten dann endgültig für die Verbreitung des Kosenamens »Molli« auch weit über die Region hinaus.

Von der Steilküste bei Heiligendamm hat man einen weiten Blick auf die Ostsee.

Während der Wintersaison verkehren weniger und kürzere Züge.

Die Schranken in Heiligendamm werden nach wie vor im Handbetrieb gesenkt.

stehen, um gute Bilder zu bekommen. In der Goethestraße wird eine klassische Allee befahren, bevor der Zug das Stadtgebiet verlässt. Anschließend verläuft die Strecke links neben der Straße, vorbei an der Rennbahn. Kurz vor der Kreuzungsstation wird der Wald am Ufer der Ostsee erreicht, welcher die Strecke für einige Kilometer begleitet. Entlang der Steilküste bei Wittenbeck fahrend erreicht Molli das Ostseebad Kühlungsborn, wo sich die Strecke in einer Kurve von der Steilküste wieder auf Meeresniveau absenkt.

RÜGENS »RASENDER ROLAND«

VON PUTBUS NACH GÖHREN

Die Schmalspurbahn mit 750 mm Spurweite verbindet über eine 24 km lange Strecke die Ostseebäder Binz, Sellin und Baabe und Göhren mit der ehemaligen Residenz Putbus. Heute ist die Bahn fester Bestandteil des Nahverkehrssystems auf der Ostseeinsel Rügen und eine Touristenattraktion.

Geschichte

Die heute noch betriebene Verbindung von Putbus nach Binz eröffnete die Rügensche Kleinbahn-Aktiengesellschaft (RüKB) 1895 als ersten Abschnitt ihres Netzes, das bis 1899 auf eine Länge von 97,3 Kilometer wuchs. So gab es ursprünglich einen Trajekt-Fähranleger von und nach Stralsund. Eine weitere Strecke führte von Bergen über die Wittower Fähre nach Altenkirchen, nahe dem Kap Arkona. Beide Strecken wurden Ende der 1960er Jahre stillgelegt.

Zwischen 1977 und 1979 und nochmal Anfang der 1990er wurde die Strecke Putbus – Göhren weitgehend saniert und den aktuellen Richtlinien angepasst. Heute verfügt die Bahn über einen – für eine Schmalspurstrecke – sehr soliden Oberbau. Danach setzte eine längere Odyssee mit verschiedenen Eigentümern ein, die dem Betrieb nicht immer gut taten. Anfang 2008 gingen die Betriebsführung nach einer Ausschreibung für 20 Jahre an die Eisenbahn-Bau- und Betriebsgesellschaft Pressnitztalbahn mbH (PRESS), die dafür den Geschäftsbereich Rügensche BäderBahn (RüBB) gründete.

Foto links: Am Morgen des 14. Februar 2021 in der Ausfahrt aus Putbus: Die ca. minus 10 °C sorgten sowohl für die eindrucksvollen Dampfwolken der 99 4632 wie auch für den Raureif.

Die Lok 99 4801 ist eine der besonderen Baureihen auf Rügen, hier bei der Einfahrt in Binz.

Betrieb

Zur Zeit der Deutsche Reichsbahn waren 99 451, 99 453, 99 464, 99 465 und 99 480 und Loks der Baureihe 99.51–60, die sächsische IV K, im Einsatz. Ab den 1980er verschlug es auch Neubauloks der Baureihe 99.77–79 auf die Insel. Aktuell sind betriebsfähig im Einsatz: 99 4632, 99 4633 (seit der HU 2020 grün lackiert und als 53 Mh beschildert, denn sie stammen noch von der alten RüKB), 99 4801, 99 4802, 99 1782-84.

Es gibt selbst im Winter einen 2-Zug-Fahrplan, im Sommer wird dieser noch weiter verdichtet, so dass fast stündlich ein Zug verkehrt. Gekreuzt wird in Binz und Sellin.

Die 53 Mh verlässt das Seebad Sellin in Richtung Binz und Putbus.

Streckenbeschreibung

Nach dem Verlassen von Putbus steigt die Strecke zunächst langsam an. In dem folgenden Tal mit der Haltestelle Serams wird in einem Tal die Bundesstraße gekreuzt.

Das Seebad Binz ist als Mittelpunkt der Strecke eine längere Pause wert, ein sehenswertes Städtchen, mittlerweile wieder in alter Bäder-Tradition herausgeputzt. An einem der Höhepunkte, dem Jagdschloss Granitz bei Binz, lässt die Strecke leichte Ambitionen einer Gebirgsbahn erahnen. Immerhin gibt es hier eine der wenigen deutlichen Steigungen, an der die Dampfloks schon etwas außer Atem kommen …

Auch sehenswert ist der zweite größere Halt auf der Strecke in Sellin. Der Abschnitt Garftitz – Sellin – Göhren führt mit wenigen Unterbrechungen durch einen sehenswerten Mischwald, teilweise weit ab von der Straße.

Die restliche Strecke verläuft über Wiesen und Felder, die eigentliche Küstenlinie selbst wird selten erreicht. Dennoch steigt ständig die angenehme Seeluft in die Nase und selbst in den heißesten Sommertagen herrscht ein angenehm-mildes Klima, das zum Wandern einlädt.

Die Steilküste in der Nähe von Göhren ist ebenfalls sehenswert.

Foto links: Ende der 1970er Jahre war der Tourismus und damit der Betrieb des »Rasenden Rolands« noch betulich. Die Mittagspause konnte daher zu einem Nickerchen genutzt werden.

Foto rechts: Im Winter 2021 gab es einige knackig kalte Tage auf Deutschlands größter Insel.

Rügens »Rasender Roland« | 115

99 4632 nähert sich am 13. Februar 2021 im letzten Abendlicht dem Haltepunkt Serams.

Der etwas abseits gelegene Haltepunkt Garfitz bietet Kleinbahnatmosphäre pur.

DURCH DAS SAALETAL

VON SAALFELD NACH GROSSHERING

Der Ruhm dieser Strecke trägt noch aus den 1980er Jahren, als hier die letzte Rennstrecke der Schnellzugdampfloks der Baureihe 01.5 – auch bekannt als Reko-01er – vor Zügen von und nach Leipzig lag. Aber auch heute ist diese landschaftlich reizvolle und teilweise stark frequentierte Strecke einen Besuch wert. Mittlerweile ist die zweigleisige Hauptbahn elektrifiziert.

Geschichte
Schon 1850 gab es erste Planungen zum Bau einer Bahnstrecke. Es dauerte bis 1871, bevor ein Vertrag der Eisenbahnlinie von Großheringen über Jena, Rudolstadt nach Saalfeld durch die Saal-Eisenbahn-Gesellschaft geschlossen wurde. Am 30. April 1874 folgte die feierliche Eröffnung der Strecke. 1895 wurde die Bahn an Preußen verkauft und der Direktion in Erfurt zugeordnet. Ab 1903 folgte der zweigleisige Ausbau, die Saalebahn wurde eine der wichtigsten Nord-Süd-Strecken. Zeitweise verkehrten hier die Expresszüge Berlin – München. Ab 1935 wurde die Strecke elektrifiziert. Nach dem Zweiten Weltkrieg wurden sowohl das zweite Gleis wie auch die Elektrifizierung abgebaut und in die UdSSR gebracht. Durch die deutsche Teilung war auch die Bedeutung als Nord-Süd-Verbindung »Geschichte«. Daher wurde zunächst nur bis Camburg wieder elektrifiziert und erst ab 1981 erneut durchgehend zweigleisig ausgebaut. Nach der Vereinigung 1990 kam die alte Bedeutung zurück und somit ein neuer Aufschwung. Bis 1995 wurde abermals durchgehend elektrifiziert. Mit der Einweihung der ICE-Strecke über Erfurt nahmen Bedeutung und Verkehr abermals ab.

Betrieb
Heute verkehren hauptsächlich Nahverkehrs- und Regional-Express-Züge sowie etliche Güterzüge. Neben den erwähnten mit der Baureihe 01.5 bespannten Schnellzügen Leipzig – Jena – Saalfeld war vor allem Saalfeld selbst in den 1970er und 1980er Jahren das Eldorado für die Fans der schwarzen Riesen. Auf der Hauptstrecke wie auf der Nebenstrecke über Pößneck Richtung Osten verkehrten mit der Baureihe 44 und vor allem der Baureihe 95 mit Güter- und Personenzügen. Zudem wurde hier die eigentlich in der DDR gültige, von der TraPo (Transport-Polizei) aber oft eng interpretierte Fotogenehmigung sehr großzügig ausgelegt.

Streckenbeschreibung
Heute liegt der reizvollste Abschnitt im Bereich Camburg und Dornburg, wo die Burgen die Strecke bewachen und als Hintergrundkulisse zur Verfügung stehen. Bis Rudolstadt verläuft die Saalebahn auf der linken Seite des Flusses. Da die Strecke stetig dem Verlauf der Saale folgt, gibt es 80 Bögen, der kleinste Radius beträgt dabei 450 m.

Foto links: Eine Diesellok der Class 66/77 bringt einen Kesselwagenzug in Richtung Norden, hier kurz vor Großherings.

Bild links: Zehn Jahre vor der Wende beschleunigte die 01.0533 ihren Schnellzug in Richtung Jena durch das verschneite Saaletal.
Foto: Werner Jung-Diefenbach

Bild links unten: Die mit den Loks der Baureihe 95.0 bespannten Güterzüge von Saalfeld aus in Richtung Süden waren Ende der 1970er Jahre schon allein ein Grund, sich dem Aufwand einer »Besuchsgenehmigung« und Einreise in die DDR anzutun.

Das sehenswerte Museum in Weimar bietet einen repräsentativen Überblick über die Baureihen der DR der letzten Jahrzehnte.

Durch das Saaletal | 121

DIE SAUSCHWÄNZLEBAHN

VON WEIZEN NACH BLUMBERG-ZOLLHAUS

Wegen ihrer Kunstbauten zählt die Sauschwänzlebahn (auch Wutachbahn genannt) wohl zu den sehenswertesten Museumsbahnen Deutschlands. Ihren Namen verdankt sie der Streckenführung mit gleich vier vollständigen oder fast vollständigen Kehrschleifen. Diese trickreiche Lösung erdachten die Planer, um auf kurzer Distanz Höhe zu gewinnen.

Geschichte

Am 16. April 1875 wurde das erste Teilstück der 61,7 km Bahnline Lauchringen – Hintschingen zwischen Oberlauchringen und Stühlingen eröffnet. Geologische Probleme (vor allem die unterschätzte Gefahr von Rutschhängen) verzögerten und verteuerten den Bau. Als den Großherzoglich Badischen Staatseisenbahnen auch noch das Geld ausging, ruhten die Bauarbeiten. Allerdings drängte das Militär auf einen Weiterbau, zumal ein neuer Krieg mit Frankreich befürchtet wurde, wofür die Bahnlinie von strategischer Bedeutung war. 1889 und 1890 waren bis zu 3.700 Arbeiter, vor allem italienische Gastarbeiter, beschäftigt. Schließlich konnte die Bahn am 20. Mai 1890 dem Verkehr übergeben werden.

Für die statische Berechnung der Brücken wurden die damals schwersten Kanonen der Friedrich Krupp AG mit einem Gewicht von 140 Tonnen zu Grunde gelegt, was alles über den Zweck der Errichtung der Strecke aussagt.

Foto links: Hier verlässt 50 2988 einen der vier Tunnel der Strecke.
Foto: Rainer Vormweg

Wegen der hohen Instandhaltungskosten wurde der regelmäßige Verkehr bereits 1955 von der DB stillgelegt. 1962 bis 1965 investierte die NATO in eine Komplettüberholung, um die Bahn im Notfall als Reservestrecke zur Verfügung zu haben. Die Bundeswehr finanzierte bis 1974 weiterhin die Unterhaltung, obwohl kein fahrplanmäßiger Zugverkehr stattfand. Am 1. Januar 1976 wurde der Mittelabschnitt stillgelegt.

Das war die Geburtsstunde des Vereins für den Museumsbahnbetrieb, der aber nur den spektakulärsten Streckenabschnitt zwischen Weizen und Zollhaus-Blumberg nutzt und seither sehr erfolgreich arbeitet. Zunächst betrieb die schweizerische Eurovapor die Strecke, seit 1997 übernahm eine Tochtergesellschaft diese Aufgabe. Seit 2014 ist die Stadt Blumberg für die Bahn mit eigenen Fahrzeugen und eignem Personal zuständig.

Mittlerweile gibt es auch wieder Schienenpersonenverkehr auf dem südlichen (seit 2003) und dem nördlichen (seit 2004) Abschnitt der Strecke.

Betrieb

Die Züge der Museumsbahn beginnen in Blumberg-Zollhaus, die erste Fahrt geht also immer talabwärts. Die Loks stehen im Regelfall Rauchkammer in Richtung Blumberg, also bergauf. In Weizen wird umgesetzt. Gefahren wird ganzjährig an einzelnen Wochentagen, meistens am Wochenende und in den Ferien.

Streckenbeschreibung

Die eigentliche Strecke beginnt in Lauchringen an der Verbindung Basel – Konstanz. Weizen liegt bei Km 20. Die Strecke führt über insgesamt sechs Tunnel und fünf große Viadukte.

Im besten Herbstlicht wird der Biesenbach-Viadukt in Richtung Blumberg überquert.

Foto: Rainer Vormweg

Diese haben eine Höhe von bis zu 30 Metern und eine Länge zwischen 100 bis 250 Metern. Der längste Tunnel (Große Stockhalde-Tunnel) ist mit 1.700 m Länge ein Kehrtunnel, also eines der »Sauschwänzle«. Durch die Kehrschleifen verlängert sich der Streckenabschnitt im Mittelteil von 9,6 km Luftlinie auf 25 km Strecke. Dabei werden 230 Höhenmeter überwunden.

Foto rechts: Die schwere Tenderlok 262 (BR 83, früher bei der Frankfurt-Königsteiner Eisenbahn/FKE im Dienst) gehört heute dem Betreiber, der Stadt Blumberg. Bei Epfenhofen überquert sie im Sommer 2020 das Tal in Richtung Blumberg. Wenig später wird der Zug am hinteren Berghang auftauchen und den Biesenbach-Viadukt befahren.

Mit einer unleugbaren Grazie wird die 50 2988 mit ihrem Sonderzug über einen Bahnübergang gewinkt. Foto: Rainer Vormweg

DIE SCHIEFE EBENE

VON NEUENMARKT-WIRSBERG NACH MARKTSCHORGAST

Eine »Schiefe Ebene« ist in der Physik eine geneigte Fläche. Im Alltag würde man sie als Rampe bezeichnen und das kommt der Sache recht nahe. Mit dieser Rampe werden in Franken auf 6,8 km 158 Höhenmeter überwunden, die maximale Steigung beträgt 25‰.

Geschichte
Die Planungen der Strecke von Bamberg nach Hof begannen 1836, wobei für den steilen Abschnitt zunächst abenteuerliche Überlegungen angestellt wurden. Aber man entschied dann doch für den konventionellen Bau einer Steigungs-Strecke, die für normale Lokomotiven gerade noch leistbar waren. Der Bau begann 1844 und wurde 1848 erfolgreich beendet. Auch wenn schon bei der Planung der zweigleisige Ausbau vorgesehen war und die Dämme und Einschnitte entsprechend dimensioniert wurden, dauert es bis 1871, bis die Gelder dafür bewilligt wurden. Erwähnenswert ist die auf dem Höhepunkt des Kalten Krieges errichtete Sperrmöglichkeit. Mit Hilfe einer sog. »Fallkörpersperre« bei Km 79 sollten zwei mächtige Betonpfeiler per Sprengung auf die Strecke gestürzt werden, so dass die Bahn für eindringende Truppen nicht mehr nutzbar gewesen wäre.

Betrieb
Die »guten alten Zeiten« der mit 01er bespannten D-Züge und der mit 44er bespannten Güterzüge sind lange vorbei. Schwere Züge mussten mit zusätzlichen Lokomotiven nachgeschoben oder per Doppeltraktion befördert werden, manchmal sogar beides gleichzeitig. Ein Tag an der Schiefen Ebene muss damals ein beeindruckendes Erlebnis gewesen sein. Bei den leider aktuell recht seltenen Sonderfahrten lässt sich das noch erahnen. Der Alltag sieht trister aus: Außer Nahverkehr und Regional-Expresszüge (Neitech-Triebwagen der BR 612) verkehrt hier kaum etwas, es sei dann eine Sperrung würde schwere Güterzüge als Umleiter auf die Strecke schicken.

Streckenbeschreibung
Die Steigung führt ab Neuenmarkt-Wirsberg aus der Mainebene auf die Münchberger Hochfläche. Viele der Abschnitte verlaufen auf großen Steindämmen zum Ausgleich der Geländeunterschiede. Auch etliche Einschnitte und Stützmauern halfen bei der Nivellierung. Ebenfalls bedingt durch das Gelände ist die Strecke recht kurvig, mit einigen sehr fotogenen S-Kurven. Das Ganze liegt in einem dichten Waldgebiet. In Neuenmarkt-Wirsberg ist das sehr sehenswerte Deutsche Dampflokomotiv-Museum, das auch bei den Sonderzügen teilweise selbst aktiv mitwirkt.

Bild links: Im April 2019 war die 01 202 auf dem Weg zum Dresdner Dampflokfest. Die Extra-Dampfwolke an der Fotoplattform erfreut den Fotografen. Foto: Florian Fraaß

Die DR-Neubaudampflok 35 1097 passiert die S-Kurve bei Km 80 mit überschaubarer Kraftanstrengung. Foto: Florian Fraaß

Bild links: Gut erkennbar ist hier der steinerne Damm, aus dem etliche Streckenabschnitte der Schiefen Ebene bestehen. Die beiden 01er (180 und 150) passieren die »Rauhe Mauer« im Juli 2015.

Foto: Florian Fraaß

Im September 2016 gab es mal wieder Umleiterverkehr zu sehen: Die 266 442 hat zu ihrem Glück nur einen leeren Zementzug am Haken.

Foto: Florian Fraaß

Foto links: Bei Km 80 stürmt die 01 2066 mit ihrem Sonderzug bergauf, die Fotowolken meinen es gut und halten sich offenkundig zurück.

Foto: Florian Fraaß

Wenn das Licht stimmt, machen selbst die DB-roten Triebwagen der Baureihe 612 etwas her, vor allem, wenn sie ihre Neigetechnik so vorbildlich vorführen wie hier in der Goldbergkurve bei Marktschorgast.

Foto: Florian Fraaß

Im Februar 2017 ist die 44 546 auf einer Überführungsfahrt an der Steinernen Brücke unterwegs. Foto: Florian Fraaß

DIE SCHWARZWALDBAHN

VON OFFENBURG NACH VILLINGEN

Als besonders anspruchsvoll bei der Planung und dem Bau der Schwarzwaldbahn galt der 40 Kilometer lange Aufstieg von Hausach nach Sankt Georgen. Hier wurde eine der ersten Gebirgsbahnen weltweit verwirklicht, sie war das Vorbild vieler Bergstrecken in der ganzen Welt. Die Steigung des gesamten Abschnittes bleibt unter 20 Promille und gilt damit nicht als Steilstrecke.

Geschichte

Die Bahn überwindet zwischen den Städten Hausach und St. Georgen insgesamt einen Höhenunterschied von mehr als 564 Metern (488 m bis zum Scheitelpunkt). Die beiden Orte liegen in der Luftlinie nur 21 Kilometer auseinander, die Länge der Bahnstrecke beträgt dagegen 38 Kilometer.

Erschwerend kam beim Bau hinzu, dass die Bahn vor der Gründung des Deutschen Reiches geplant wurde und vollständig im Großherzogtum Baden verlaufen musste. Eine Trassierung durch das benachbarte Königreich Württemberg über Schramberg wäre wesentlich kostengünstiger ausgefallen. Diese Variante verbot sich aber, da Baden die Kontrolle über diese strategisch wichtige Strecke keinem anderen Staat überlassen wollte. Die Bauarbeiten begannen im April 1865.

Der Streckenabschnitt zwischen Hornberg und Sankt Georgen benötigte aufgrund der geologischen Schwierigkeiten und der dadurch notwendigen Kehrtunnel eine längere Planungsphase und wurde als letzter Abschnitt beendet. 1866 wurden die Abschnitte Offenburg – Hausach und Engen – Singen eröffnet, jeweils mit Anschluss an die Badische Hauptbahn. Am 10. November 1873 war die Schwarzwaldbahn dann vollständig befahrbar.

Betrieb

Die Strecke von Offenburg nach Villingen wird stündlich von Regional-Express-Zügen bedient. Weiterhin sieht sie vereinzelte ICs und einige Güterzüge. Bei Problemen z.B. auf der Rheinstrecke wird sie als »Umleiter« benutzt. Im Sommer und an einigen weiteren Terminen verkehren Dampfloksonderzüge (sog. »Tunnelfahrten«).

Streckenbeschreibung

Von Offenburg bis Hausach folgt die Schwarzwaldbahn der Kinzig, bei Gengenbach teilweise sogar direkt an deren Ufer. Bei Haslach wird für einige Hundert Meter der aufgestaute Seitenarm der Kinzig passiert, an windstillen Tagen aufgrund der Spiegelungen ein beliebtes Fotomotiv.

In Hausach wechselt die Strecke bis Hornberg ins Gutachtal. Langsam wird das Tal enger, Schwarzwaldhäuser im bekannten Baustil begleiten den Reisenden. Der Ort Hornberg selbst wird auf einem eindrucksvollen Viadukt überquert. Danach werden bis Sankt Georgen mehrere Kehrschleifen mit zahlreichen Tunneln passiert und so mehrere Hundert Höhenmeter überwunden. Im steilsten und auch sehenswertesten Teil des Anstiegs werden immer wieder die Täler weit ausgefahren. Hier wird erkennbar, dass die Schwarzwaldbahn als Hochgebirgsbahn konzipiert und gebaut wurde. Der »Dreibahnenblick« bei Triberg

Bild links: Bei den Tunnelfahrten im Dezember 2019 lag kein Schnee, dafür schien die Sonne. Der Mittagszug mit der 52 7596 hat gerade Triberg verlassen und ist auf dem Weg nach St. Georgen.

Hornberg ist außer für sein denkwürdiges »Schießen« auch für das sehenswerte Viadukt in der Stadtmitte bekannt, am besten zu fotografieren von der gegenüberliegenden Burgruine.

Bei Haslach ist ein Gewerbekanal aufgestaut, der gerade von einer Doppelgarnitur der Ortenau-S-Bahn in Richtung Hausach passiert wird.

zeigt einen guten Überblick über den Streckenverlauf. Einige Kilometer nach Sankt Georgen wird der Donau-Quellfluss Brigach erreicht, dem die Strecke auf den nächsten Kilometern folgt. Die Strecke kreuzt auf ihrem Weg von Norden nach Süden die europäische Wasserscheide (Rhein/Donau) im 1.697 Meter langen Sommerauer Tunnel (zwischen Triberg und St. Georgen).

Im Januar 2017 war u.a. auch die 58 311 in den »Dreikönigsdampf« eingebunden. Am letzten Tag ging es nochmal auf die verschneite Schwarzwaldbahn. Bei St. Georgen wird dabei kräftig Dampf gemacht.

Bei den entsprechenden Temperaturen ist der lange Anlauf in die Steigung nach Hausach immer ein akustisches wie optisches Erlebnis für die Dampflokfreunde, ob im Zug oder an der Strecke. Allerdings ist das Licht dann schon arg »auf Kante genäht«, eine gute Kamera, ein lichtstarkes Objektiv und eine ruhige Hand lassen das Bild dennoch gelingen.

Die Schwarzwaldbahn

2011 bekam Triberg auf dem Bahnhofsvorplatz sein wohlverdientes Dampflokdenkmal: Hier wird die 50 245 gerade auf das Podest gehievt.

STADTBAHN BERLIN
VON CHARLOTTENBURG NACH OSTKREUZ

Die Berliner Stadtbahn verläuft weitgehend auf aus Klinkern gemauerten Bögen in West-Ost-Richtung durch das Zentrum der deutschen Hauptstadt. Zwei der vier Gleise werden dabei von der S-Bahn mit (Stromschiene) benutzt, die beiden anderen Gleise befährt die DB AG mit Nah- und Fernverkehrszügen.

Geschichte

Ab 1875 wurde durch das Königreich Preußen sowie die beteiligten privaten Berlin-Potsdamer, Magdeburg-Halberstädter und Berlin-Hamburger Eisenbahngesellschaften der Bau einer durch das Zentrum verlaufenden Bahn begonnen.
Einen Tag vor der offiziellen Eröffnung befuhr Kaiser Wilhelm I. in einem Sonderzug die bis zum Ostbahnhof 12 km lange neue Strecke. Am 7. Februar 1882 folgte die feierliche Eröffnung der Stadtbahn, zunächst für den S-Bahn-Betrieb. Drei Monate später am 15. Mai war die Strecke auch für den Fernverkehr nutzbar. Die Baukosten lagen insgesamt mit den Grundstückskosten bei 60 Millionen Mark.
Anfänglich verkehrten dampfgeführte Züge mit neun Waggons (wegen ihrer zahlreichen Türen »1.000-Türen-Wagen« genannt). Erst 1928 folgt die Elektrifizierung der Stadtbahn mit Gleichstrom mittels Stromschienen für den S-Bahn-Verkehr. Für die Elektrifizierung der Fernbahnstrecke brauchte es dagegen den Mauerfall 61 Jahre später und die Vereinigung der beiden deutschen Staaten im Jahr 1990. 1993 war der Bahnhof Zoo unter Draht, Ostberlin war bereits 1987 an das Netz der DR-Oberleitungen angeschlossen. In den Folgejahren wurde eine umfassende Sanierung der Stadtbahn durchgeführt, der Fernverkehr wurde zeitweise über andere Linien geführt, die S-Bahn teilweise

Über die Architektur des neuen Hauptbahnhofes kann man trefflich streiten, aber vor allem in der blauen Stunde macht er schon was her.

auf die Fernbahntrasse verlegt. Mit der Eröffnung des neu gebauten Hauptbahnhofs (ehemals Lehrter Bahnhof) im Jahr 2006 war die Strecke wieder uneingeschränkt nutzbar.

Betrieb

Zwischen Charlottenburg und Ostkreuz verkehren vier S-Bahnlinien über die Stadtbahn. Damit ist in den Stoßzeiten eine Abfolge der Züge fast im Minutentakt gewährleistet. Selbst in

Das Spreeufer an der Jannowitzbrücke ist einer der besten Fotospots: Nachmittags mit gutem Sonnenstand, Fernsehturm und Stadtsilhouette als Hintergrund und die gemauerten Bögen direkt im Wasser, Schiffchen davor und alle paar Minuten ein Zug … passt!

schwächer genutzten Tageszeiten verkehren immer noch alle ca. 5 bis 10 Minuten Züge. Auf den parallel verlaufenden Nahverkehrsgleisen rollen drei Regionalexpress-Linien und eine Regionalbahn. Dabei werden nicht alle Bahnhöfe bedient, an einigen S-Bahn-Halten rauschen die Nahverkehrszüge vorbei. Güterzüge werden großräumig um den Stadtkern herumgeführt. Selbst ein Teil der ICEs nutzt die Trasse nicht mehr, deren Auslastung schon lange hart am Limit liegt.

Streckenbeschreibung

Die teilweise sehr kurvige Streckenführung erklärt sich durch die damals schon hohen Grundstückspreise. So wurden, wo möglich, städtische Liegenschaften in die Planung einbezogen.

Die Stadtbahnstrecke ist größtenteils als Hochbahn ausgeführt. Acht Kilometer mit ursprünglich 731 gemauerten Viaduktbögen und weitere zwei Kilometer Brücken, 64 an der Zahl, zeigen den extrem hohen Bauaufwand. Der Rest der Strecke verläuft auf Dämmen. Charlottenburg und der Ostbahnhof sind als vielgleisige Anlagen ausgeführt, während alle anderen wichtigen Bahnhöfe (Zoo, der neue Hauptbahnhof, Friedrichstraße, Alexanderplatz) sich auf sechs Gleise beschränken. Beim Hauptbahnhof kommt allerdings die Kreuzungslinie im Untergrund mit weiteren vier Gleisen dazu, über die mittlerweile sogar ein Großteil des ursprünglichen Ost-West-Fernverkehrs abgewickelt wird.
Durch die Lage auf dem Hochdamm hat der Reisende gute Sicht auf die Berliner Stadtteile und bekannte Gebäude wie den Reichs-

tag, das Kanzleramt oder den Fernsehturm, manchmal geht es auch heute noch direkt durch die Hinterhöfe. Der schönste Teil befindet sich zwischen Alexanderplatz und Ostbahnhof, wo das Hochviadukt Bahnhof Jannowitzbrücke direkt am Spreeufer verläuft.

Der ehemals eindrucksvolle Blick von der Warschauer Brücke auf die Ausfahrt des Ostbahnhofs, in den 1980er Jahren noch mit donnernden 01-bespannten Fernreisezüge, ist durch den Rückbau und die Grundstücksverkäufe mittlerweile kaum noch eine Erwähnung wert.

Das mittlerweile modernisierte Ostkreuz hat leider auch viel von seinem altem Charme verloren, ist aber durch die komplexen Gleisanlagen immer ein interessantes Besuchsziel.

Fünf Züge in einem Bild, und dann noch kreuz und quer, DAS gibt es vermutlich nur am Ostkreuz, und auch da nicht immer.

Neben Nahverkehr und den ICEs bereichern die ECs nach Warschau und weiter die Szene auf der Stadtbahn. Im Bahnhof Zoo, wo sie anders als die ICE einen Halt haben, könnte sogar eine Kreuzung fürs Foto klappen.

S-Bahn überholt ICE: Auf der Berliner Stadtbahn ist das Alltag.

Der Bahnhof Berlin-Friedrichstraße wird heute den wenigsten noch allzu viel sagen: Aber hier, im »Palast der Tränen«, fand die Ein- und Ausreise von und nach Westberlin statt. Wie viele ungezählte Tränen mögen hier allabendlich in all den Jahren geflossen sein, wenn der oder die Liebste spät abends Minuten vor Ablauf des Tagesvisums wieder in den Westen fuhr? Große Teile des Bahnhofs waren streng vom Ost-Territorium getrennt, selbst eine Umsteigemöglichkeit für Westberliner in die kreuzende S-Bahn-Linie gab es, ohne offiziell DDR-Boden zu betreten. Die Ost-West-S-Bahnen begannen oder endeten hier in beiden Richtungen, ebenfalls fein säuberlich abgekapselt. Die Umläufe über den beiden Ein- und Ausfahrten (hier rechts oben erkennbar) existieren noch, heute selbstverständlich ohne Scharfschützen mit dem abzugsbereitem Finger an der Kalaschnikow.

Die spannende Frage in der Hauptstadt der DDR war immer: Kommen die Genossen der Transport-Polizei, kommen sie nicht? Maulen sie rum oder dulden sie? Oder wird man vor der Ausfahrt vertrieben? Also unschuldig tun, die Kamera unter den Mantel und ja nicht auffallen. Zum Glück waren die Genossen in Berlin meistens entspannt, im Gegensatz zu manchen ländlichen Regionen, wo der Erlass, dass das Fotografieren von Eisenbahnen von frei zugänglichem Gelände – in diesem Fall die Brücke am Bahnhof Warschauer Straße – genehmigt ist, noch unbekannt war. Die 01.15 macht sich gerade auf den Weg in die Messestadt Leipzig.

ÜBER DEN HINDENBURGDAMM

VON NIEBÜLL NACH WESTERLAND

Die sogenannte Marschbahn beginnt in Elmshorn, abzweigend von der Strecke Hamburg-Altona – Kiel. Ausgangspunkt für den letzten, spannendsten Teil ist das Städtchen Niebüll, nahe der dänischen Grenze. Nach Überquerung des Hindenburgdamms wird die nördlichste der Nordfriesischen Inseln, Sylt, erreicht. Der Damm dient ausschließlich dem Eisenbahnverkehr. Er ist 11,3 km lang. Aufgrund später erfolgter Maßnahmen zur Landgewinnung bei der Eindeichung verlaufen heute nur noch 8,1 km durch das Wattenmeer.

Geschichte

Niebüll war über die Marschbahn bereits seit 1887 an das deutsche Bahnnetz angebunden. Diese führt weiter nach Tondern. Über eine Zweigstrecke nach Hoyerschleuse war die Fähre nach Sylt erreichbar. 1910 wurden erste Planungen für die direkte Anbindung aufgenommen, ab 1914 begannen die Vorbereitungen für die Baumaßnahmen. Die Ausführungen wurden aber durch den Ersten Weltkrieg unterbrochen.

Das Erreichen der Fährverbindung wurde ab 1920 allerdings durch den geänderten Verlauf der deutsch-dänischen Grenze massiv erschwert, denn Tondern gehörte jetzt zu Dänemark. Die Grenze musste jetzt zweimal überquert werden, für deutsche Reisende der High Society wegen der doppelten Pass- und Zollkontrolle eine unerträgliche Zumutung. Zwar wurden nach Verhandlungen plombierte durchgehende Züge eingerichtet, die

Foto links: 2007 beherrschten an manchen Stellen die Überlandmasten die Szenerie, heute dürften sich noch etliche Windkraftanlagen dazu gesellt haben.

dänische Regierung machte dafür allerdings die Wiederaufnahme des Dammbaues zur Voraussetzung und begrenzte ihre Zusagen zeitlich.

Somit wurden die Bauarbeiten wieder aufgenommen und am 1. Juni 1927 nach einer Bauzeit von vier Jahren konnte der Damm eröffnet werden. Die Baukosten beliefen sich auf 18,5 Millionen Reichsmark.

Namensgeber war der damals die Strecke einweihende Reichspräsident Paul von Hindenburg. Sie hält sich trotz dessen oft kritisierter Rolle als Leiter der Obersten Heeresleitung während des Ersten Weltkriegs, der tatkräftig von ihm mitverbreiteten »Dolchstoßlegende« und seiner Nähe zu Adolf Hitler – er ernannte ihn 1933 zum Reichskanzler und wirkte beim sogenannten »Tag von Potsdam« mit – bis heute.

Als nach 1950 die Beförderung von Kraftfahrzeugen über den Hindenburgdamm mit 20.000 Fahrzeugen pro Tag immer umfangreicher wurde, baute man zunächst 1959 auf dem Damm ein Ausweichgleis von 700 Metern Länge bei der Blockstelle Hindenburg, es folgten weitere Ausweichen bei Emmelsbüll und Morsum. Seit 1972 ist die Strecke durchgehend zweigleisig.

Betrieb

Über den Hindenburgdamm herrscht ein so reger Verkehr, dass es häufig zu Verzögerungen und Verspätungen kommt. Neben den Nahverkehrszügen verkehren täglich auch mehrere Intercitys, Autoreisezüge und auch noch Güterzüge. Die Intercitys und die Autoreisezüge sind bis heute noch mit Dieselloks der mittlerweile betagten Baureihe 218 bespannt. Im Nahverkehr laufen je nach Betreiber die unterschiedlichsten Dieselbaureihen.

Zweimal Doppeltraktion Baureihe 218 warten im Bahnhof Niebüll auf den nächsten Einsatz, beim hinteren geht es demnächst während der späten Abendstunden nochmal auf die Insel.

2007 hatte die Nord-Ostsee-Bahn (NOB) aufgrund der gewonnenen Ausschreibung den Betrieb der Nahverkehrszüge übernommen. Bei Sonnenuntergang verkehrt der Abendzug in Richtung Niebüll. Mittlerweile erbringt wieder die DB ZugBus Schleswig-Holstein die Verkehrsleistungen.

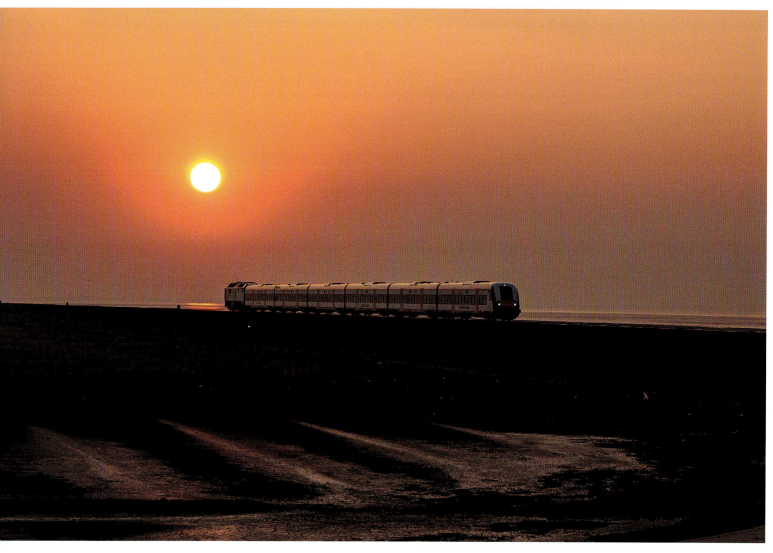

Streckenbeschreibung

Ab Niebüll verläuft die Strecke zunächst nach Klanxbüll, dem letzten Haltepunkt auf dem nordfriesischen Festland, durch die typische nordfriesische Marschlandlandschaft mit Weiden und Windmühlen. Der Steindamm wird nach einer eleganten Kurve bei Km 212 erreicht. Endpunkt ist der Bahnhof im Ortsteil Westerland der Gemeinde Sylt. In Morsum und Keitum befinden sich weitere Nahverkehrshaltestellen.

Am frühen Morgen kommt ein Autozug von der Insel.

Triebwagen T3 befährt bei den Fototerminen die Strecke auch allein.   Alle Bilder der Trossinger Eisenbahn: Freundeskreis der Trossinger Eisenbahn e.V.

TROSSINGER EISENBAHN

VON DER STADT ZUM BAHNHOF

Die mit Gleichstrom betriebene Nebenbahn verbindet die Stadt mit dem außerhalb an der Strecke Rottweil – Villingen gelegenen Bahnhof. Allerdings verkehren mittlerweile fast nur noch Dieseltriebwagen unter der Fahrleitung.

Geschichte

Die Strecke Rottweil – Villingen wurde 1869 eröffnet. Doch die Musikinstrumente-Industriestadt Trossingen war bei der Planung links liegen gelassen worden. Die Bürger der Stadt bemühten sich daher, einen Anschluss zu schaffen. Nachdem die Königlich Württembergischen Staats-Eisenbahnen den Bau einer Anschlussbahn ablehnten, wurde 1896 eine Aktiengesellschaft (Elektrizitätswerk und Verbindungsbahn Trossingen AG) gegründet. Diese erhielt am 31.12.1897 eine Betriebskonzession für die neue Strecke. Die Bahn wurde aufgrund der starken Steigung von Anfang an für den elektrischen Betrieb geplant und gebaut. Der Strom sollte von dem zeitgleich gebauten Elektrizitätswerk, Teil der AG, geliefert werden.

Die Bahn war ein voller Erfolg, bald mussten weitere Fahrzeuge beschafft werden. 1902 werden 14.000 t Güter, 58 t Expressgut, 61 t Gepäck, 162 Stück Vieh sowie 72.000 Fahrgäste befördert. Der Rekord wurde 1943 mit 299.000 Fahrgästen aufgestellt.

Betrieb

Wie viele Nebenbahnen war auch diese Strecke in den 1990er Jahren einstellungsgefährdet. Durch die Einbindung in das sogenannte Ringzug-Netz der Region Schwarzwald-Baar konnte ihre Fortführung sichergestellt werden. Seit 2003 verkehren die dieselbetriebenen Regio-Shuttle-Triebwagen der HzL auch auf

der Trossinger Eisenbahn. Teilweise werden die Züge dabei nach Villingen und Bräunlingen weitergeführt. Interessanterweise ist die Stromleitung, obwohl sie im Alltagsbetrieb nicht mehr gebraucht wird, nach wie vor funktionsfähig und wird bei passenden Gelegenheiten für Sonderfahrten der historischen Fahrzeuge genutzt. Somit können die Oldtimer auch bei Fahrzeugmangel der HzL, wie in den Jahren 2004 und 2005 geschehen, im Regelbetrieb eingesetzt werden. Güterverkehr findet nicht mehr statt. Der elektrische Betrieb läuft mit 600 Volt Gleichspannung.

Streckenbeschreibung

Die knapp 5 km lange Strecke überwindet einen Höhenunterschied von immerhin 66 m, der Anstieg verläuft vom Bahnhof zur Stadt. 2 km hinter dem Bahnhof wird ein kurzer Tunnel durchfahren. Die Bahn führt weitgehend durch Waldgebiete, bevor sie die Ausläufer der Stadt erreicht. Die Fahrgäste erleben eine kurze aber intensive Reise durch den Schwarzwald.

Die Triebwagen T3 und T5 präsentieren sich im Depot bei bester Ausleuchtung.

T3 und T5 nähern sich im letzten Tageslicht Trossingen.

Die »grüne Garnitur« rangiert im Bahnhof Trossingen.

Foto unten: Der MAN/AEG Triebwagen T1 (Fabriknummer 369, Baujahr 1898) mit dem passenden Beiwagen der Trossinger Eisenbahn.

DIE WALDEISENBAHN MUSKAU

VON WEISSWASSER NACH BAD MUSKAU UND KROMLAU

Die einzigartigen Parklandschaften in der Oberlausitz verbindet heute noch eine Schmalspurbahn mit 600 mm Spurweite. Allerdings findet auf den Gleisen der einstigen Transportbahn für Rohstoffe und Industrieprodukte nur noch musealer Betrieb statt.

Geschichte

Im Jahre 1895 wurde die »Gräflich von Arnimsche Kleinbahn« zunächst als Pferdebahn gegründet, um Rohstoffe und Industrieprodukte abzutransportieren. In der maximalen Ausdehnung verbanden insgesamt 80 km Strecke die Ton- und Braunkohlegruben sowie Industriebetriebe der Region. Schon 1895 wurde auf Dampfbetrieb umgestellt. Auf dem Höhepunkt der Entwicklung verfügte die Bahn über elf Dampfloks und 550 Waggons. Nach dem Zweiten Weltkrieg beeinträchtigten Schäden und Reparationsleistungen den Weiterbetrieb, bis 1951 die DR die Strecke übernahm. Ab Ende der 1970er Jahre wurde die Strecke abschnittsweise eingestellt. Ein 12 km langes Reststück zwischen einer Tongrube und einer Ziegelei blieb mit Diesellok-Einsatz in Betrieb. Ab 1984 begannen Vereinsaktivitäten, zunächst mit Museumsfahrten auf der verbliebenen Strecke. Als die Ziegelei 1990 ebenfalls stillgelegt wurde, übernahm der Verein und begann mit dem Wiederaufbau anderer Streckenteile. Ab 1992 fuhren wieder die ersten Museumszüge auf den wiedereröffne-

ten Teilstücken. Zuletzt wurde im April 2017 eine neuerrichtete Ausweichstrecke entlang der Tagebaukante zum Kommunikations- und Naturschutzzentrum Weißwasser Turm am »Schweren Berg« eingeweiht.

Betrieb

Zum aktuellen Betriebsbestand gehören die Dampfloks
- 99.3312 »DIANA« (Bauart Dn2 t, 1905-1918, 75 PS, Hersteller Firma Borsig, Berlin-Tegel, 1912 Fabriknummer 8472
- 99 3317 (Bauart Dn2 t, Heeresfeldbahnlokomotiven, Brigadelok 1914-1918, 75 PS, Hersteller Firma Borsig, Berlin-Tegel 1918 Fabriknummer 10306

sowie einige Dieselloks.

Foto links: Spiegelglatt ist die Wasseroberfläche an einem der zahlreichen Teiche rund um Weißwasser, die nach Aufgabe der Förderung von Braunkohle, Ton oder Kies entstanden sind. Lok 99 3312 »Diana« ist mit einem Holzzug in Richtung Muskau unterwegs. Foto: Matthias Büttner

Streckenbeschreibung

In Bad Muskau und Kromlau sind zwei Landschaftsparks von internationalem Ruf zu besuchen. Das Schloss in Bad Muskau gehört zum UNESCO-Welterbe. Die Bahn beginnt ihre Fahrt jeweils in Weißwasser. Nach etwa einem Kilometer teilt sich die Strecke in die Zweige nach Bad Muskau und, durch dichte Wälder führend, zum Rhododendron Park Kromlau. Außerdem gibt es regelmäßig Sonderfahrten auf der Tonbahn mit dem Endpunkt »Schwerer Berg«.

In Doppeltraktion sind die beiden Maschinen 99 3312 und 99 3315 auf der sog. Tonbahn unterwegs, um ihren Holzzug den »Schweren Berg« mit Volldampf hinauf zu befördern. Foto: Matthias Büttner

Die Silhouette eines Holzzuges im letzten Abendlicht. Foto: Matthias Büttner

Nachdem die Waldarbeiter nahe der ehemaligen Grube Adolf bei Weißwasser ihre Vesper eingenommen haben, geht es weiter, um die nächste Anschlussstelle zu bedienen. Foto: Matthias Büttner

DURCH DAS TAL DER WEISSERITZ

VON FREITAL-HAINSBERG ÜBER DIPPOLDISWALDE NACH KURORT KIPSDORF

Die vom schweren Hochwasser im Jahr 2002 zum größten Teil zerstörte Schmalspurstrecke ist mittlerweile wieder über die gesamte Länge in Betrieb. Dabei wurde der Wiederaufbau der reizvollen Bahnlinie bewusst so ausgeführt, dass das nächste Hochwasser keinen großen Schaden mehr anrichten kann.

Geschichte

1881 wurde in Sachsen die erste Schmalspur-Strecke Wilkau – Hasslau – Kirchberg eröffnet. Mit der Weißeritztalbahn Freital-Hainsberg – Kipsdorf und der Verbindung Oschatz – Mügeln – Döbeln waren zu diesem Zeitpunkt schon weitere Strecken im Bau. Fast alle Neubauten in den Jahren ab 1880 wurden in der Spurweite von 750 mm ausgeführt. So entstand in ganz Sachsen ein Netz von Schmalspurbahnen, dass die entlegenen Ortschaften effektiv an das Normalspurnetz anschloss.

Nach dem Zweiten Weltkrieg verschärfte sich der schon lange zuvor begonnene Niedergang der sächsischen Schmalspurbahnen, als ein großer Teil der modernsten Lokomotiven an die Sowjetunion als Reparationsleistung abgegeben werden musste. Auch ganze Strecken wurden als Reparationsleistung demontiert. Im Gegenzug sorgte die enorme Zunahme des Verkehrs auf einigen Strecken im Erzgebirge als Zubringer zu der neuen sowjetische Wismut AG (Uranabbau) für Aufwind.

Nach der friedlichen Revolution von 1989 und dem Beitritt zur Bundesrepublik drohte erneut die Stilllegung aller verbliebenen

Durch den Rabenauer Grund führt ein wunderbarer Wanderweg direkt entlang der Bahnstrecke.

Bahnen. Schon bald jedoch wurde die Zukunft als Museumsbahnen und die touristische Nutzung diskutiert, vielerorts fanden sich Vereine, Zusammenschlüsse ehemaliger und aktiver Eisenbahner und Privatleute, die für den Fortbestand oder sogar die Reaktivierung kämpften. Nach einigen Irrungen und Wirrungen gelangten schließlich drei der verbliebenen Schmalspurbahnen

2005 waren durch die Hochwasserzerstörungen nur kurze Abschnitte in Betrieb. Als besonderes Dankeschön für die treuen Fans, die trotzdem kamen, holten die Verantwortlichen eine Meyerlok der Gattung IV K als Gast. Diese spiegelt sich in der Talsperre Malter nahe des gleichnamigen Bahnhofs.

Am Ende des Stausees in Richtung Dippoldiswalde können die Enten fast zu Fuß gehen, während sie den abwärts fahrenden Zug bewundern.

zur 2007 gegründeten Sächsischen Dampfeisenbahngesellschaft mbH (SDG): die Fichtelbergbahn Cranzahl – Oberwiesenthal, die Lößnitzgrundbahn Radebeul – Radeburg und die Weißeritztalbahn Freital-Hainsberg – Kurort Kipsdorf.

Betrieb

Das Waggonmaterial entspricht original der Reihe 970 der sächsischen Schmalspurbahnen oder ist dieser nachgebaut. Die Waggons der Weißeritztalbahn mit offenen Bühnen an den Enden sind in der dunkelgrünen Originalfarbe lackiert und atmen noch den Charme der Bimmelbahnromantik von vor 100 Jahren. Sie verfügen allerdings auch nur über deren Komfort, was dem Reisegenuss jedoch nicht entgegensteht. Die Loks der Gattung IV K sind die bekanntesten sächsischen Schmalspurdampflokomotiven. Die ersten Lokomotiven der Bauart Meyer mit beweglichen Triebgestellen wurden 1892 von der Sächsischen Maschinenfabrik in Chemnitz gebaut. Auch auf der Weißeritztalbahn hat eine IV K überlebt.

Die heute eingesetzten Einheitslokomotiven der BR 99.73-76 entwickelte die Deutsche Reichsbahn für den Betrieb auf den Strecken in den sächsischen Gebirgen. Die Sächsische Maschinenfabrik in Chemnitz lieferte ab 1927 die ersten 13 Lokomotiven der BR 99.73-76, es folgten bis 1933 weitere 19 Exemplare von der Berliner Maschinen AG (BMAG). Es waren die stärksten in Deutschland je eingesetzten Schmalspurlokomotiven für 750-mm-Spur.

Streckenbeschreibung

Die ursprünglich 26,3 km lange Strecke beginnt im bzw. genauer neben dem normalspurigen Bahnhof Freital-Hainsberg bei Dresden. Hier befinden sich auch Werkstatt und Lokschuppen. Kurz hinter dem ersten Haltepunkt, Freital-Coßmannsdorf, erreicht die Bahn den wildromantischen Rabenauer Grund. Mehrfach wird die Rote Weißeritz überquert, die Bahn schlängelt sich durch ein enges, tief eingeschnittenes Tal. Hier wütete auch das Hochwasser von 2002 am schlimmsten. Der wunderbar in der Schlucht gelegene Bahnhof Rabenau lädt mit Hotel und Restaurant zum Verweilen ein. Nach der nächsten Station,

2015 wucherte noch der Löwenzahn im Bahnhof Kippsdorf, heute verkehren wieder die Züge auch bis hier.

Spechtritz, steigt die Trasse steil an. Beim Bahnhof Seifersdorf wird der Obere Rabenauer Grund erreicht. Über einen gern fotografierten Bahnviadukt wird kurz nach dem Bahnhof Malter ein Ausläufer des gleichnamigen Stausees passiert. Nach einem kurzen Schlenker folgt die Trasse dem Ostufer des Stausees. Mit dem historischen Stadtkern lädt Dippoldiswalde zum Verweilen ein. Hier endet vor dem Wiederaufbau des letzten Abschnittes die Strecke. Der restliche Teil bis zum Bahnhof Kipsdorf wurde nach den Zerstörungen vom Sommer 2002 wieder aufgebaut und ist seit November 2019 wieder in Betrieb.

Bei Spechtritz befindet sich die Strecke immer noch am Grund der Roten Weißeritz. Für das nächste Hochwasser ist die Trasse jetzt immerhin deutlich besser befestigt.

Gerade hat der Zug den Bahnhof Seifersdorf verlassen, der Fotograf sein Bild gemacht und merkt dann: Uuups, der Nachschuss ist der eigentliche »Höllenschuss«. Zum Glück spielte die Kameraautomatik mit.

DIE BAHNEN IM KOHLETAGEBAU

IN DER LAUSITZ UND IM RHEINISCHEN BECKEN

Während die großen Abraum- und Kohlemengen beim Abbau in den Gruben von riesigen Förderbändern transportiert werden, dienen Werksbahnen für die Abfahrt aus den Tagebauen zu den Kraftwerken und Veredlungsbetrieben sowie auf die großen Abraumhalden.

Bereits frühzeitig bei Beginn des Abbaus werden Schienen verlegt. Diese werden immer wieder ab- und neu aufgebaut, je nachdem wo gerade die Abbauflächen liegen.

Geschichte

Das Rheinische Braunkohlerevier wurde zunächst ab 1893 an die lokalen Bahnstrecken wie z.B. der Köln-Frechen-Benzelrather Eisenbahn oder der Bergheimer Kreisbahn angeschlossen. Ursprünglich machten sich die Abbaugebiete gegenseitig Konkurrenz. Erst als sich 19 Gruben im Jahr 1899 zusammenschlossen, erschien ein Bahnsystem sinnvoll. Im selben Jahr wurde das erste Großkraftwerk an der Grube Berggeist in Betrieb genommen, 1906 übernahm die RWE und baute weitere Großkraftwerke. Erste Versuche mit Grubenlokomotiven gab es in der Lausitz 1879, anfangs wurden auch Dampflokomotiven eingesetzt. 1907 wurde das Netz um Hoyerswerda – Proschim eröffnet.

Betrieb RWE Werksbahn

Im rheinischen Braunkohlenrevier im Städtedreieck Aachen, Köln, Mönchengladbach gibt es drei Tagebaue: Garzweiler, Hambach und Inden. Die RWE Werksbahn im rheinischen Braunkohlerevier setzt ca. 50 Lokomotiven ein und verfügt über etwa 1.000 Waggons. Das Schienennetz hat eine Länge von über 300 km. Zwei je zweigleisig ausgebaute Hauptstrecken haben

Zwei »Braunkohle-Krokodile« der Lausitz sind im März 2005 nahe Cottbus im Einsatz.

eine Länge von mehr als 70 km. Im Jahr werden so 65 Mio. t Rohkohle und ca. 3 Mio. m3 Abraum befördert.

Die Fahrleitungen werden mit Einphasenwechselspannung gespeist (6 kV, 50 Hertz). Alle eingesetzten Lokomotiven sind Sonderanfertigungen für den Schwerlastbetrieb. Sie erreichen eine Höchstgeschwindigkeit von 60 km/h. Die Kohlezüge können eine maximale Last von 2.100 t (RWE) befördern.

Betrieb Lausitz

In der DDR wurde der gesamte Tagebau unter einheitlicher Regie geführt. Ursprünglich waren die Strecken zunächst in

Foto rechts: Der Tagebau Garzweiler läuft - wie alle - rund um die Uhr.

Die 1310 der LEAG ist im September 2020 mit einem Kohlezug in der Lausitz unterwegs. Foto: Matthias Büttner

Eine technische Besonderheit sind die seitlichen Stromabnehmer, die beim Beladen benötigt werden, weil dabei die Oberleitung im Wege wäre und deshalb auf die Seite ausweichen muss.

Das Kohlekraftwerk Niederaussem ist eines von mehreren Großkraftwerken der Region, die mit Braunkohle befeuert werden. Die freigesetzten Wasserdampfmengen können bei bestimmten Wetterverhältnissen durchaus ein lokales Klima im Kölner Raum erzeugen. Der Verfasser pendelte etliche Jahre durch diese Region und wundert sich anfangs immer wieder, wenn bei wolkenlosem, blauem Himmel in der Eifel und in Krefeld in dieser Region der Himmel grau und bedeckt war.

Foto rechts: 2007 verlässt die Lok 547 (vorletzte Lokomotivgeneration) mit einem beladenen Zug die damalige Beladungsstelle im Tagebau Hambach.

900 mm Spurweite ausgeführt, wurden aber im Lauf der Jahre teilweise auf Normalspur umgespurt. Die Loks der VEB Lokomotivbau Elektrotechnische Werke »Hans Beimler« Hennigsdorf (LEW) ähneln vom Aussehen her der Bauart »Krokodil« und waren auch innerhalb des Kommunistischen Blocks ein Exportschlager bis nach China.

1990 umfasste das 900-mm-Schmalspurnetz der Lausitzer Braunkohlenindustrie 268 Kilometer, das 1.435-mm-Netz 893 Kilometer und das Gemischtspurnetz weitere 20 Kilometer. Im Norden des Braunkohlenreviers wurden Fahrleitungsspannungen von 2,4 kV verwendet, waren es im südlichen Teil 1,2 kV. Heute umfasst das Gesamtnetz immer noch 390 km. Noch sind knapp 60 der Loks der Baureihe EL2 m (m = modernisiert) im Einsatz, ihre »Reise«-Geschwindigkeit liegt bei 50 km/h. Ein Standardzug transportiert hier 1.000 t Rohkohle.

Für beide Systeme gilt

Die Beladung der Züge erfolgt halbautomatisch. Für die Befüllung von oben haben die Lokomotiven zusätzlich seitlich angeordnete

Stromabnehmer. Bei der Entladung wird in Gräben gekippt, von denen das Transportgut wiederum über Förderbänder abtransportiert wird.

Streckenbeschreibungen

Die Hambachbahn verbindet den Tagebau Hambach mit der Nord-Süd-Bahn, über welche die RWE-Kraftwerke in Niederaußem, Frimmersdorf und Neurath mit Braunkohle versorgt werden. Garzweiler ist über die Nord-Süd-Bahn angeschlossen. Die Landschaft ist in Ost wie West geprägt von Viehweiden und Acker, daneben Abraumhalden und den großen Kraftwerke. Im Rheinischen Braunkohlerevier sind Aufnahmen der Bahnen mit Tagebau im Hintergrund so gut wie nicht machbar, da hier der Abtransport mittels Förderbändern erfolgt.

2021 war die Lok 502 der Nachfolgegeneration blau lackiert und nochmals leistungsstärker.

DIE WUPPERTALER SCHWEBEBAHN

VON OBERBARMEN NACH VOHWINKEL

Über der Wupper verkehrt eine einzigartige Einschienenbahn, die Wuppertaler Schwebebahn. Eigentlich ist es eine genial einfache Lösung für ein oft vorhandenes Problem: zu wenig Platz in der Stadt für eine Stadt-Bahn.

Geschichte

Am 28. Dezember 1894 wurde in den Stadtverordneten-Versammlungen der damals noch selbständigen Städte Barmen und Elberfeld eines der ungewöhnlichsten Nahverkehrsprojekte nach langen Beratungen angenommen. Beschlossen wurde der Bau einer Hochbahnstrecke, weitgehend aufgeständert über dem Flüsschen Wupper. Bereits ein Jahr später beschloss man, die Strecke über die Straße bis Vohwinkel weiterzubauen.
Im Sommer 1898 begann der Bau, bereits am 5. Dezember 1898 fand die erste Probefahrt statt. Zur Eröffnung am 24. Oktober 1900 waren Kaiser Wilhelm II. und seiner Gemahlin Auguste Viktoria die Ehrengäste. Am 1. März 1901 wurde der erste Abschnitt für den öffentlichen Fahrgastverkehr freigegeben. Ab dem 27. Juni 1903 war die gesamte Strecke befahrbar. 19.200 t Stahl waren verbaut worden. 472 Eisenstützen stützen die aufgeständerte Strecke. Die Baukosten betrugen rund 16 Millionen Goldmark.

Foto links: Im Jahr 2007 war noch die mittlerweile ausgemusterte Generation an Fahrzeugen im Einsatz.

Betrieb

Die Wuppertaler Schwebebahn gehört technisch in die Kategorie Einschienenbahn, genauer in die Unterkategorie Hängebahn. Die Bezeichnung »Schwebebahn« ist technisch gesehen inkorrekt, da im Gegensatz zu einer echten Magnetschwebebahn ein ständiger Reibungskontakt zwischen Fahrweg und Fahrzeug besteht. Die Waggonkästen hängen an massiven Bügeln mit Rollen, die auf einer Schiene mit großem Querschnitt laufen. Die Räder der Schwebebahn verfügen über zwei Spurkränze.
Die Schwebebahnzüge verkehren als Einrichtungsfahrzeuge, an den Endpunkten existieren Wendeschleifen. Die elektrische Spannung des Gleichstromsystems beträgt 600 Volt. Bis Ende 2017 wurden die Fahrzeuge gegen neue der Generation 15 / GTW 15 ausgetauscht.
Die Fahrzeit auf der Gesamtstrecke beträgt etwa eine halbe Stunde. An Werktagen befördern die Waggons durchschnittlich 82.000 Menschen.

Streckenbeschreibung

Die Länge der einfachen Strecke beträgt 13,3 km, mit den Abstell- und Rangiergleisen insgesamt 28 km. Auf den ersten 10,6 km geht die Bahn – entgegen dem Sinn des Sprichwortes – »über die Wupper«.
Die Strecke ist in etwa zwölf Metern Höhe aufgeständert und folgt dem Lauf der Wupper flussabwärts. Der Abstand zwischen den Trägern hat eine Spannweite zwischen 21 und 33 Metern. Es gibt insgesamt 468 Stützen, auch Portale genannt, durchgehend nummeriert und 467 »Brücken« genannte Zwischenträger. Alle

Triebwagen 9 war im selben Jahr über der Straße in Vohwinkel unterwegs.

200 bis 300 Meter sind massiv verbaute, sogenannte Ankerstützen gesetzt worden. Ab der Station »Stadion am Zoo« verlässt die Strecke den Fluss und schwenkt nach rechts. Sie überquert die Bundesstraße 228 und schwebt auf den restlichen 2,7 Kilometern bis zur Endhaltestelle »Vohwinkel Schwebebahn« über mehrere Straßen. Hier auf der Landstrecke ist die Bahn nur noch in etwa acht Metern Höhe aufgeständert. Insgesamt bedient die Schwebebahn 20 Haltestellen.

Der Antrieb überm Dach ist ungewohnt, genauso wie die hier gut erkennbaren Räder mit Laufkränzen auf beiden Seiten der Schiene.

Die »Brücken« sind durchnummeriert.

Der Graureiher fühlt sich wohl in der Wupper, auch der Betrieb über seinem Kopf stört offenbar nicht.

Foto auf den Seiten 168/169: Die aktuelle Fahrzeug-Baureihe sieht etwas eleganter aus, große Unterschiede sind von außen allerdings nicht zu erkennen.

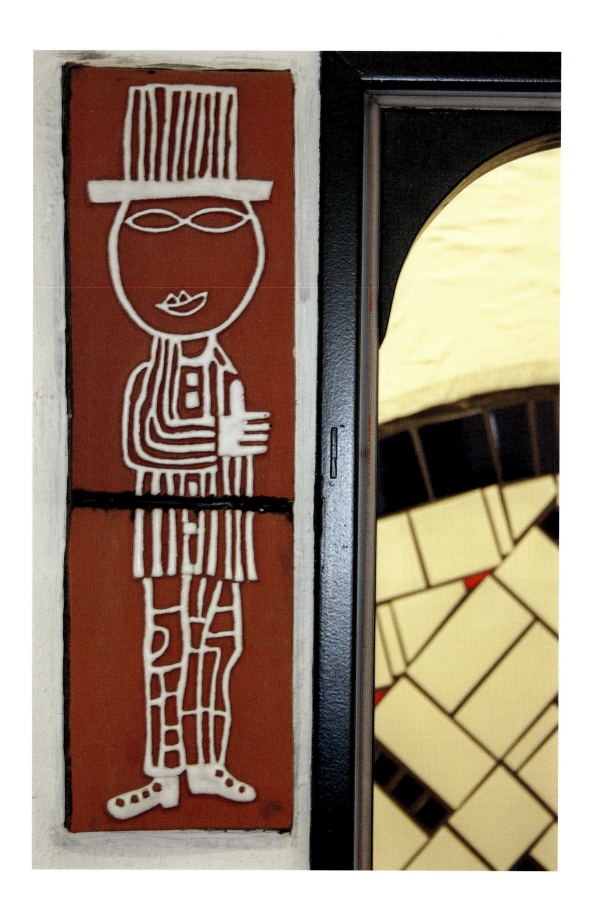

HUNDERTWASSERBAHNHOF UELZEN

KUNST AM BAU ALS ARCHITEKTUR

»Der schönste Bahnhof der Welt« ist ein oft genanntes Prädikat zahlreicher Besucher, wenn sie nach ihrem Besuch ins Schwärmen kommen. Er ist eines der letzten Projekte, die der Wiener Künstler verwirklichte.

Geschichte

Der Bahnhof Uelzen ist ein sogenannter »Inselbahnhof«, er liegt zwischen den Gleisen der Strecken Hannover – Hamburg und Stendal – Uelzen – Langwedel. Letztere diente bei ihrem Bau der Verbindung Berlins und Mitteldeutschlands mit den Nordseehäfen. Der erste Vorläufer des Bahnhofs wurde bereits 1847 errichtet, allerdings dann mehrfach verlegt und umgebaut. Die heutige Stelle und Ausführung als Inselbahnhof entstand 1888. Mehr als 100 Jahre später entstand 1997 der Plan, daraus einen Umwelt- und Kulturbahnhof zu machen. Der Umbau wurde als Teilprojekt der EXPO 2000 in Hannover angegangen. Das Konzept stammte von dem bekannten Wiener Künstler Friedensreich Hundertwasser. Mit der Ausführung wurden die Architekten Peter Pelikan und Heinz M. Springmann beauftragt, die schon häufig Projekte von Hundertwasser umgesetzt hatten.

Betrieb

Täglich verkehren hier über 200 Züge. Auch ICEs halten hier planmäßig, daneben zahlreiche Regional-Expresszüge und der Nahverkehr. Die sogenannte »Amerikalinie« Berlin – Nordseehäfen verlor mit der deutschen Teilung 1945 ihre Bedeutung und besteht heute nur aus regionalen Strecken, wobei die Strecke Uelzen – Stendal immer wieder als Ausweichstrecke für den Fernverkehr von Hamburg in die deutsche Hauptstadt dient.

Foto links: Auch beim Gang zur Toilette ist Friedensreich Hundertwasser als Künstler gegenwärtig.

Namensgebend: Der Bahnhof liegt natürlich am Friedensreich-Hundertwasser-Platz.

Beschreibung

Das Grundprinzip von Hundertwasser ist das Vermeiden (er selbst sagt »Bekämpfen«) jeglicher geraden Linie. Alles muss rund sein und im Fluss. Hundertwasser, ursprünglich ein höchst erfolgreicher Maler, entwickelte sich bald zum Vorkämpfer

für den Schutz der Umwelt. Über die Architektur versuchte er erfolgreich Signale zu setzen, wobei Ökologie mit seinem einzigartigen Kunststil verbunden wurde. Ein wesentlicher Teil sind Dachbepflanzungen. Auf dem Dach der Uelzener Bahnhofs wachsen mittlerweile ganze Bäume. Auch Fenster sollten keine Geraden enthalten, ebenso wenig wie Hausecken, was bei einem bestehenden Gebäude wie dem Uelzener Bahnhof nicht einfach umzusetzen war. Dennoch gelang es, vor allem durch die vielen kleinen Details wie Verzierungen, Säulen, Auf- und Anbauten. Der Uelzener Bahnhof ist heute unverkennbar ein Hundertwasser-Gesamtkunstwerk erster Qualität und zieht jährlich mehrere Hunderttausend Besucher an, die nur hierfür in die Stadt kommen.

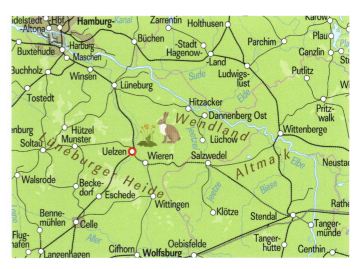

Der Eingangsbereich des Inselbahnhofs

Foto links: Hundertwasser-Säule trifft Waggon-Design. Selbiges Design gehört zu einem der Metronomzüge, die von hier nach Hamburg und Hannover verkehren.

GESAMTKUNSTWERK MIT RHEIN, BRÜCKE UND DOM

DER KÖLNER HAUPTBAHNHOF

Der Bahnhof der Stadt am Rhein gehört zu den meist frequentierten Bahnhöfen Deutschlands. Mit dem Abstellbahnhof im Stadtteil Deutz auf der anderen Rheinseite ist er über die sechsgleisige Hohenzollernbrücke verbunden.

Geschichte

Um 1850 gab es in Köln und in der gegenüberliegenden, damals noch eigenständigen Stadt Deutz bereits fünf konkurrierende Bahngesellschaften. 1854 entschlossen sich die Stadtväter, den neu zu bauenden »Central-Bahnhof« direkt am Dom zu bauen und mittels einer Brücke nach Deutz anzubinden. Dafür musste der damalige Botanische Garten weichen. Dem Baubeginn um 1857 folgte die Eröffnung 1859, gemeinsam mit der ebenfalls neu errichteten Dombrücke. Der damalige Bahnhof hatte vier End- und zwei Durchgangsgleise, die weiter auf die Brücke führten. Die Leistungsfähigkeit war schnell überschritten. Das führte ab 1880 zur Neuplanung, wobei man sich bald zu einer Überbauung der bisherigen Fläche entschloss. 1889 begannen die Bauarbeiten. Anders als die erste Variante wurde der neue Bahnhof sechs Meter höher gelegt. 1894 wurde die neue Halle fertiggestellt. Zunächst waren die Gleise 2 bis 7 von dem 64 m breiten und 255 m langen Bauwerk überspannt. Anfangs endeten vier der Gleise aus beiden Richtungen in der Hallenmitte. Das wurde erst beim nächsten Umbau bis 1915 geändert, ein weiteres Gleis wurde hinzugefügt. In dieser Phase entstand auch die damals bereits viergleisig ausgeführte Hohenzollernbrücke. Der Empfangsteil wurde aus der Mitte der Halle in ein neues Gebäude auf der Domseite ausgelagert.

Wie schon beim Bau befürchtet, wurde der Bahnhof im Zweiten Weltkrieg Ziel verheerender Luftangriff der Alliierten. Lange Streitigkeiten über den Standort des Neuaufbaus führten zu Verzögerungen beim Wiederaufbau. Schließlich erfolgte dieser dann doch Mitte der 1950er Jahre an alter Stelle. 1957 wurden die Oberleitungen verlegt.

Ab 1975 musste die Kapazität nochmals erweitert werden, es folgten zwei zusätzliche Gleise, gleichzeitig wurde die Hohenzollernbrücke ebenfalls um zwei Gleise erweitert.

Betrieb

Der Kölner Hauptbahnhof ist eine der Drehscheiben des europäischen Bahnverkehrs. Fernverbindungen bestehen nach Belgien, Frankreich, in die Niederlande, in die Schweiz und zeitweise sogar bis Russland. Auch die Nachtzugverbindungen der ÖBB laufen Köln an. Insgesamt verkehren hier (Stand: Juni 2020) 10 ICE-, 6 IC, 2 Flixtrain, 4 Nightjet sowie der Thalys und 14 Regionalexpress-Linien.

70.000 Menschen können pro Stunde befördert werden, das bedeutet die größte Zugdichte in einem deutschen Bahnhof. Die Gleise werden dazu häufig zweifach belegt, was bei auswärtigen

Foto links: Die sechsgleisige Rheinbrücke kann mit Mühe und Not den Verkehr gerade noch bewältigen.

Von außen wirkt die Spannweite der Bahnsteighalle noch eindrucksvoller.

Reisenden regelmäßig zu Verwirrungen führt. Der Güterverkehr wird über eine andere Rheinbrücke komplett am Bahnhof vorbeigeführt. Bei der Einfahrt über die Hohenzollernbrücke bietet sich den Reisenden ein herrliches Stadtpanorama mit der größten Bahnhofskapelle der Welt, wie die Kölner ihren Dom auch gern nennen.

Die Halle überspannt eine eindrucksvolle Breite, und »4711« grüßt weiterhin von der Glasfront. Wer weiß heute noch, wie das Wässerchen riecht?

Der Kölner Hbf. ist ein europäischer Bahnhof, Züge nach Paris, wie hier der Thalys oder Warschau und Amsterdam sind an der Tagesordnung.

Die Stahl-/Glas-Bauweise erfordert regelmäßig Wartungsarbeiten, sonst würde schnell der Rost um sich greifen.

Gesamtkunstwerk mit Brücke, Bauzeit 500 Jahre ... vor allem in der Dämmerung ein Augenschmaus

DAS DAMPFLOKWERK MEININGEN

VOM SCHROTT ZUR NEUEN DAMPFLOK

Das Dampflokwerk Meiningen, dessen Vorläufer bereits 1858 an fast an gleicher Stelle entstand, hat über DRG- und DR-Zeit eine lange Geschichte. Mittlerweile gehört es zur DB Fahrzeuginstandhaltung GmbH und ist das letzte große Instandsetzungswerk für Dampflokomotiven in Westeuropa.

Geschichte

1863 eröffnete die Werra-Bahn (Eisenach – Meiningen – Coburg) in Meiningen eine Lokwerkstatt. Diese lag bereits damals gegenüber dem Bahnhof an der Stelle des heutigen Bahnbetriebswerkes.

Da es keine Erweiterungsmöglichkeiten mehr gab, wurde 1910 auf einem Nachbargrundstück der erste Spatenstich zum Neubau vollzogen. Dabei wurde durch Erdarbeiten ein 140.550 m² großes Plateau geschaffen. Am 2. März 1914 wurde das neue Werk dem Betrieb übergeben.

1918 zählte das Werk bereits 1.600 Beschäftigte. 1920 nach der Bildungen der Deutsche Reichsbahn wird die Anlage als Eisenbahnausbesserungswerk (EAW), ab 1924 als Reichsbahnausbesserungswerk (RAW) tituliert.

Ab 1925/26 ist das RAW Meiningen hauptsächlich für die Aufarbeitung der schweren Einheitslokomotivbaureihen zuständig. Im Krieg blieb das RAW von Bombardierungen und danach von Reparationsleistungen verschont. So konnte es bereits am 23. April 1945 seine Arbeit wieder aufnehmen, um gleich darauf zum volkseigenen Betrieb erklärt zu werden. Einen Namen machte sich das RAW, weil es an den Entwicklungen der Reko-Dampflokomotiven der DR maßgeblich beteiligt war. Dabei wurden der Wirkungsgrad der Maschinen und die Arbeitsbedingungen der Lokmannschaften deutlich verbessert. So wurden u.a. zwischen 1958 und 1962 58 Loks der Reihe 39 zur neuen Baureihe 22 umgebaut. Der Höhepunkt dieser Entwicklung war der höchst erfolgreiche Umbau des Einzelstücks 61 002 zur heutigen 18 201, der auch heute noch mit 175 km/h zu den schnellsten betriebsfähigen Dampflokomotiven der Welt zählt. Von 1984 bis 1988 wurden insgesamt 202 Dampfspeicherlokomotiven für Anschlussbahnen der Industrie gefertigt.

Betrieb

Nach dem Rückgang der Dampflokaufarbeitung wurden neue Geschäftsfelder wie der Bau von Schneeschleudern und Schneepflügen sowie Dampfkränen erschlossen.

Seit 1998 überholt das Dampflokwerk Regel- und Schmalspurlokomotiven für die DB AG, Privatbahnen, Museumsbahnen und Eisenbahnvereine des In- und Auslands. Manche Arbeiten kommen einem Neuaufbau gleich. Neben dem Schneepfluggeschäft werden mittlerweile auch ältere Dieselloks überholt.

Es können alle benötigten Teile innerhalb des Werkes nicht nur bearbeitet, sondern bei Bedarf auch neu angefertigt werden. So gibt es eine eigne Kesselschmiede, wo Neubaukessel hergestellt werden können.

Foto links: Ob hiermit heute noch die Pausen eingeläutet werden?

Auch die Herstellung neuer Achsen gehört zu den Gewerken.

1992 war die 38 2267 der Stiftung Eisenbahnmuseum Bochum in Arbeit und zum Zeitpunkt der Aufnahme offenbar weitgehend fertig.
Foto: Christoph Oboth

Die Kesselschmiede ist aktuell nicht ganz ausgelastet, hat aber immer noch zu tun: Es wird auch Dampfloks geben, die einen neuen Kessel benötigen.

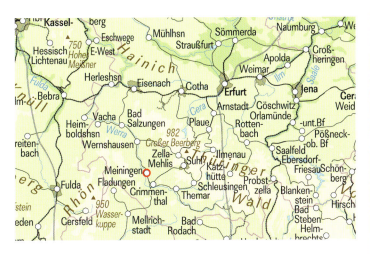

Sieht zwar aus wie nach einem Bombenangriff, vermutlich wurde hier aber nur eine Dampflok restverwertet. Foto: Christoph Oboth, 1991

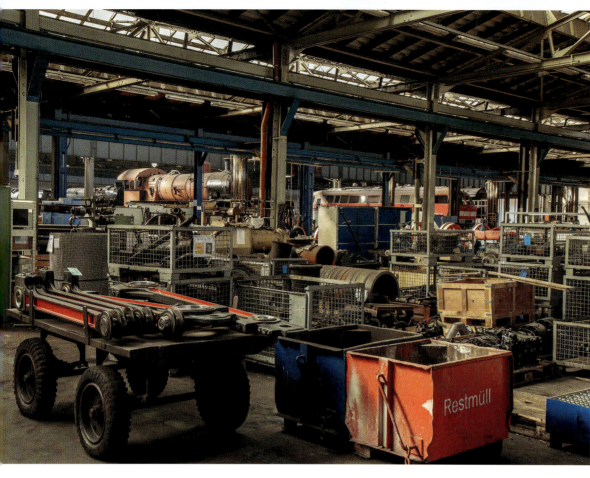

Praktisch: Das Materiallager ist vor Ort.

Hier wird das Triebwerk einer Güterzugdampflok der Baureihe 50 neu aufgebaut.

Radsätze und Lokkörper sind aktuell getrennt in Arbeit bei der ČSD 365 024 im April 2021.

DIE KARWENDEL- UND AUSSERFERNBAHN

VON MITTENWALD NACH LEERMOOS

Die Karwendelbahn ist Teil der sogenannten »Mittenwaldbahn«. Diese verbindet München mit Innsbruck. Sie ist zwar die kürzeste Verbindung zwischen den beiden Städten, stand aber immer im Schatten der Strecke über Rosenheim und durch das Inntal. In Garmisch-Partenkirchen zweigt sowohl eine Nebenstrecke in das österreichische Leermoos als auch die Zahnradbahn auf die Zugspitze ab.

Geschichte

Mittenwaldbahn:
Der erste Abschnitt von München bis zum Starnberger See wurde am 28. November 1854 eröffnet. Die Strecke Weilheim – Murnau wurde am 15. Mai 1879 eingeweiht, und Garmisch-Partenkirchen wurde – zunächst als Lokalbahn ausgeführt – am 25. Juli 1889 angeschlossen. Diesen Abschnitt übernahmen die Königlich Bayerischen Staats-Eisenbahnen erst am 1. Januar 1908.

Im Jahre 1912 folgte das letzte und schwierigste Teilstück Garmisch – Mittenwald und weiter bis zum Innsbrucker Westbahnhof mit Anschluss an die bereits eröffnete Arlbergbahn. Bereits Ende der 1880er Jahre hatte der Ingenieur Josef Riehl dem zuständigen k&k-Ministerium in Wien eine Planung vorgelegt, welche eine Bahnverbindung, überwiegend in Tunnels geführt, bis Seefeld vorsah. Dieser letzte Abschnitt war bereits bei seiner Inbetriebnahme elektrifiziert. Von hier aus wurde ein halbes Jahr später der Fahrdraht bis Garmisch verlängert. Der weitere Teil bis München war zunächst für den Betrieb mit Dampflokomotiven vorgesehen und wurde erst zum 23. Februar 1925 elektrifiziert.

Bezogen auf ihre Länge war die Mittenwaldbahn wegen der vielen Kunstbauten seinerzeit eines der teuersten Bahnprojekte.

Außerfernbahn:
Nach mehrjähriger Planung wurde am 1. Juli 1910 die private Mittenwaldbahn AG gegründet. Sie war für Finanzierung, Bau, Verwaltung und Unterhalt der österreichischen Abschnitte der Strecke Innsbruck – Leermoos – Reutte verantwortlich. Daraufhin wurden die Bauarbeiten für diesen Abschnitt aufgenommen. Die Strecke Garmisch – Reutte wurde am 29. Mai 1913 eröffnet. Auch dieser Abschnitt wurde von Anfang an elektrisch betrieben.

Die Betriebsführung lag jeweils grenzüberschreitend bei den Staatsbahnen, wobei die österreichische Bahn bis Garmisch zuständig war. Im Ausgleich erhielten die Königlich Bayerischen Staats-Eisenbahnen die Betriebsführung für die Strecke von Garmisch nach Reutte.

Betrieb
Die Mittenwaldbahn ist vor allem im Regional- und Tourismusverkehr von Bedeutung. Ab Mittenwald fahren stündlich Regionalzüge von München über Garmisch nach Mittenwald, alle zwei Stunden weiter nach Innsbruck. Auf der Außerfernbahn läuft nur Regional-

Bild links: Über die Jahre hinweg war der Bahnhof Leermoos mit dem Zugspitzmassiv ebenfalls ein »Muss-Motiv« für die Fotografen, egal ob mit einer Ellok der Baureihe 144 vor einem Personenzug oder wie hier mit einem Triebwagen der BR 426.

Ein Ruheort zum Entspannen ist die Kirche St. Peter und Paul in Mittenwald. Die Kirchen dieser früher durchaus reichen Region zeigen den Wohlstand vergangener Jahrhunderte und sind immer eine Reiseunterbrechung wert.

bahnbetrieb. Im Bahnhof Garmisch-Partenkirchen bietet sich die Umstiegsmöglichkeit auf die direkt daneben liegende Zugspitzbahn, deren Strecke im Talbereich zunächst parallel verläuft.

Streckenbeschreibung

Ab Mittenwald verläuft die Mittenwaldbahn als Nebenbahn in Richtung Westen über Klais bis Garmisch-Partenkirchen. Klais hat die Ehre, der höchst-gelegene deutsche Schnellzug- (und später ICE-) Bahnhof zu sein. Kurz vor Klais ergibt das Karwendelmassiv einen herrlichen Fotohintergrund für Zugaufnahmen. Ab Garmisch-Partenkirchen geht es zunächst im Tal der Loisach Richtung Westen. Am Rießersee verabschiedet sich die Zugspitzbahn und nimmt Anlauf für die Ersteigung. In Griesen wird die Grenze nach Österreich überschritten. Das jetzt etwas offenere Tal schwenkt nach Süden und erreicht Ehrwald. Wieder

In den 1980er Jahren verkehrten die 601er in ihren letzten fahrplanmäßigen Einsätzen über die Karwendelbahn nach Innsbruck und zurück. Kurz hinter Klais in Richtung Mittenwald mit dem Karwendelmassiv im Hintergund gab es optimale Fotomöglichkeiten.

nach Westen drehend geht es jetzt stetig bergauf nach Leermoos, wo das Zugspitzmassiv einen eindrucksvollen Hintergrund für das Abschlussfoto liefert.

Bei Breitenau kommt ein Triebwagen der Baureihe 2442 aus Leermoos entgegen. Daneben ist gut die schmalspurige Talstrecke der Zugspitzbahn zu erkennen ...

... auf der wenig später der nächste Triebwagen aus der anderen Richtung kommt.

Ein Triebwagen der Zugspitzbahn überholt vor dem Namensgeber bei Breitenau zwei Wanderer.

Foto rechts: Nochmals dient das Karwendelmassiv als Hintergrund bei Klais (siehe Seite 188): 40 Jahre später ist der Hintergrund noch immer eindrucksvoll, auch für eine Regionalbahn.

WEITERE INTERESSANTE BÜCHER ZUM THEMA

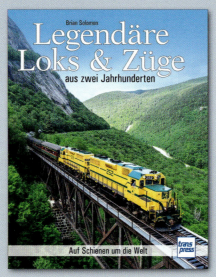

Autor Brian Solomon stellt eine Auswahl der weltweit bedeutendsten Züge und Lokomotiven der letzten zwei Jahrhunderte aus über 30 Ländern vor. Sie reicht von nordamerikanischen Dampf- und Dieselloks bis hin zu hochmodernen elektrischen Güter- und Nahverkehrszügen.
192 Seiten, 200 Abb.,
216 x 280 mm
ISBN 978-3-613-71612-4
€ 29,90 |€ (A) 30,80

Ob an Bord des Eurostars von London nach Paris oder mit dem Serra Verde Express durch den brasilianischen Regenwald: Mit über 200 Farbfotografien führt dieses Werk den Leser zu den faszinierendsten Bahnlinien der Welt.
224 Seiten, 210 Abb.,
290 x 213 mm
ISBN 978-3-613-71605-6
€ 29,90 |€ (A) 30,80

Von den Anfängen der ersten russischen Lokomotive über den Bau der transsibirischen Eisenbahn bis hin zu den Eisenbahnabenteuern der Gegenwart – mit diesem Band berichten die Autoren über die Meilensteine der russischen und sowjetischen Eisenbahngeschichte.
160 Seiten, 130 Abb.,
305 x 240 mm
ISBN 978-3-613-71594-3
€ 29,90 |€ (A) 30,80

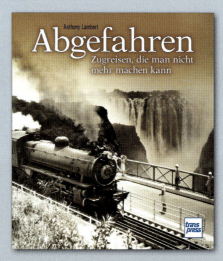

Anthony Lambert berichtet über stillgelegte doch bis heute legendäre Bahnlinien, deren einzigartige Geschichten der bekannte Autor nach Kontinenten geordnet anschaulich erzählt, unterstützt von nostalgischen Erinnerungen.
208 Seiten, 180 Abb.,
210 x 240 mm
ISBN 978-3-613-71592-9
€ 29,90 |€ (A) 30,80

Leseproben zu allen Titeln auf unserer Internetseite

Überall, wo es Bücher gibt, oder unter
WWW.MOTORBUCH-VERSAND.DE
Service-Hotline: 0711 / 78 99 21 51

www.facebook.com/MotorbuchVerlag

Stand Juli 2021
Änderungen in Preis und Lieferfähigkeit vorbehalten.

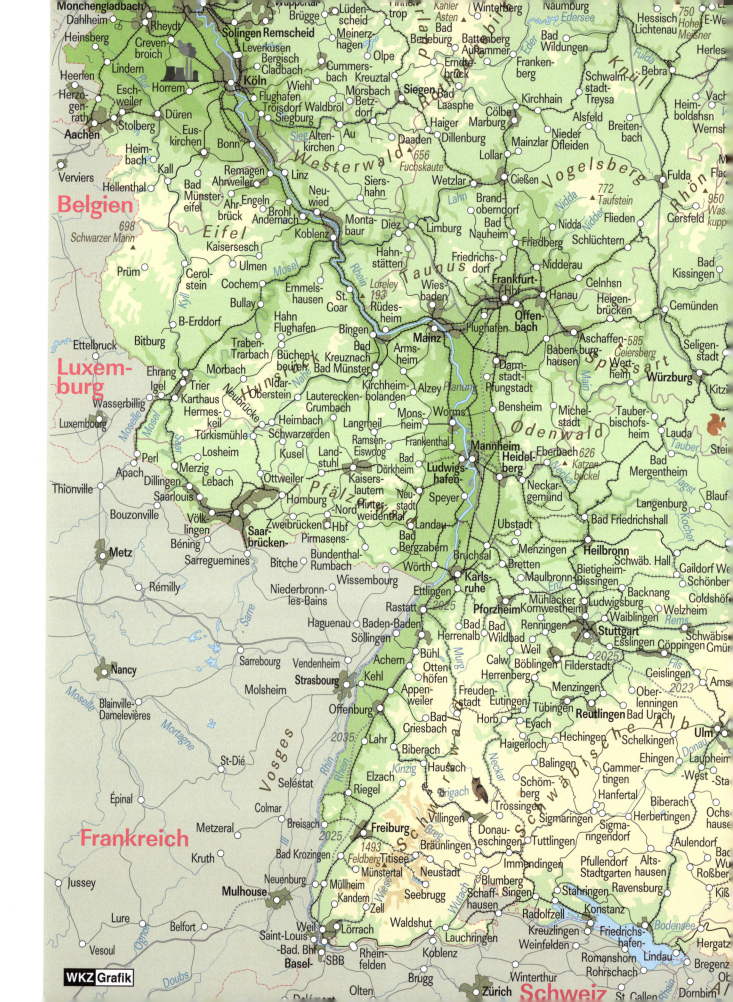